문장 암기로
획득하는

52
진짜녀석들
OPIc

IM1 초급

진짜녀석들 OPIc IM1

2쇄 발행 2023. 01. 02

지은이 박영진
펴낸이 박영진
기획팀 진짜녀석들 기획팀
편집팀 진짜녀석들 편집팀
관리팀 진짜녀석들 관리팀
주 소 서울시 송파구 법원로4길 5, 226호
전 화 (02) 6956 0549
홈페이지 www.jinjja-eng.com
email cs@jinjja-eng.com
ISBN ISBN 979-11-970507-5-6 (13740)

저작권자 박영진

이 책의 저작권은 저자에게 있습니다. 서면에 의한 저작권자와 출판사의 허락 없이 내용의 일부 혹은 전부를 인용 및 복제하거나 발췌하는 것을 금합니다.

Copyright ⓒ 2023 by Park Young Jin, All rights reserved.

No part of this publication may be reproduced, stored in a retrieval system, or transmitted in any form or by any means, electronic, mechanical, photocopying, recording, or otherwise, without the prior permission of the publisher.

www.jinjja-eng.com

52 진짜녀석들 OPIc

문장 암기로 획득하는

IM1

Contents

OPIc의 이해
OPIc이란? .... P 006

진짜녀석들 OPIc IM1
1강. 유형1_묘사 : 이론 .... P 025
2강. 유형1_묘사 : 암기문장 활용 .... P 033
3강. 유형1_묘사 : 암기문장 쉐도잉 .... P 045
4강. 유형1_묘사 : 리스닝 훈련 .... P 053
5강. 유형1_묘사(장소) : 스크립트 훈련1 .... P 059
6강. 유형1_묘사(일반) : 스크립트 훈련2 .... P 071
7강. 유형2_세부묘사 : 이론 .... P 077
8강. 유형2_세부묘사 : 암기문장 활용 .... P 083
9강. 유형2_세부묘사 : 암기문장 쉐도잉 .... P 089
10강. 유형2_세부묘사 : 리스닝 훈련 .... P 095
11강. 유형2_세부묘사 : 스크립트 훈련 .... P 099
12강. 유형1,2_묘사, 세부묘사 : 모의고사 .... P 109
13강. 유형3_경험 : 이론 .... P 119
14강. 유형3_경험 : 암기문장 활용 .... P 127
15강. 유형3_경험 : 암기문장 쉐도잉 .... P 141
16강. 유형3_경험 : 리스닝 훈련 .... P 149
17강. 유형3_경험(최초, 최근) : 스크립트 훈련1 .... P 153
18강. 유형3_경험(인상, 문제) : 스크립트 훈련2 .... P 159
19강. 유형3_경험 : 모의고사 .... P 165
20강. 유형4_롤플레이 : 이론 .... P 173
21강. 유형4_롤플레이 : 암기문장 활용 .... P 183
22강. 유형4_롤플레이 : 암기문장 쉐도잉 .... P 197
23강. 유형4_롤플레이 : 리스닝 훈련 .... P 203
24강. 유형4_롤플레이 : 스크립트 훈련 .... P 209
25강. 유형4_롤플레이 : 모의고사 .... P 219
26강. 시험 전 정리 .... P 229

APPENDIX
진짜녀석들 OPIc IM1 MP3 질문 리스트 .... P 234
진짜녀석들 OPIc IM1 암기 문장 리스트 .... P 241
진짜녀석들 OPIc IM1 어휘 및 표현 리스트 .... P 242

OPIc의 이해

OPIc이란?

OPIc이란?

- OPIc(Oral Proficiency Interview computer)은 iBT 기반의 외국어 말하기 평가입니다.
- OPIc은 개인 맞춤형 평가로서, 응시자가 수십가지 항목 중에서 일정 개수를 선택한 후, 응시자의 실력에 따른 난이도를 선택합니다.
- 여러가지 다양한 토픽의 질문들을 듣고 음성을 녹음하여 채점자가 평가를 하는 시스템입니다.
- 단순히 문법 및 어휘만을 측정하는 시험이 아닌, 해당되는 질문에 명확하고 풍부한 답변을 얼마나 유창하게 하는가에 집중이 되어 있는 시험입니다.

OPIc 시험 구성

- OPIc은 총 1시간의 시험으로 Orientation(20분) & 실제 시험시간(40분)으로 구분되어 있습니다.
- 실제 시험시간은 40분이며, 40분을 모두 채우지 않아도 괜찮습니다.
- 또한 OPIc은 답변의 제한 시간이 없기에 15개 문제를 모두 마치면 종료 후, 퇴실하시면 됩니다.

Orientation 20분

Background Survey
- 평가문항을 위한 사전 질문

Self Assessment
- 시험의 난이도 결정을 위한 자기평가

Overview of OPIc
- 화면구성, 청취 및 답변방법 안내

Sample Question
- 실제 답변 방법 연습

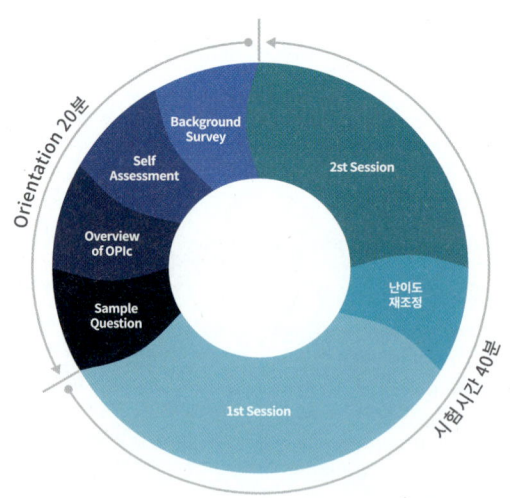

시험시간 40분

1st Session
- 개인 맞춤형 문항
- 질문 청취 2회
- 문항별 답변시간 제한 無
- 약 7문항 출제

난이도 재조정
- Self Assessment (2차 난이도 선택)
- 쉬운질문/비슷한 질문/어려운 질문 中 선택

2nd Session
- 개인 맞춤형 문항
- 질문 청취 2회
- 문항별 답변시간 제한 無
- 약 7문항 출제

OPIc 평가 영역

OPIc은 아래의 5가지 영역이 충족되어야 보다 더 높은 등급을 획득할 수 있습니다.

Language Control	Function Global Tasks	Text Type	Contents Contexts	Comprehen-sibility
Grammar Vocabulary Fluency Pronunciation	일관적으로, 편하고 꾸준하게, 즉흥적으로 대처할 수 있는 언어 과제 수행 능력	어문의 길이와 구성능력 (단위 : 단어, 구, 문장, 접합된 문장들, 문단)	주제와 상황에 대한 표현 능력	질문 의도 파악 (Interviewer의 질문을 제대로 파악하였는가?)
출중한 영어 실력! 꾸준하게 학습한 영어실력이 바탕이 되어야 해요!	탁월한 센스! 어떤 문제가 나와도 순발력 있게 대처 할 수 있는 센스가 바탕이 되어야 해요!	든든한 암기량! 다양한 문제 답변을 대비한 탄탄한 암기가 바탕이 되어야 해요!	짱짱한 훈련! 다양한 상황의 문제들의 답변에 대비한 연습이 바탕이 되어야 해요!	리스닝 파악! 문제를 제대로 알아들을 수 있도록 수도 없이 질문을 듣는 리스닝이 바탕이 되어야 해요!

OPIc 등급

OPIc은 총 9개의 등급으로 나누어져 있습니다.

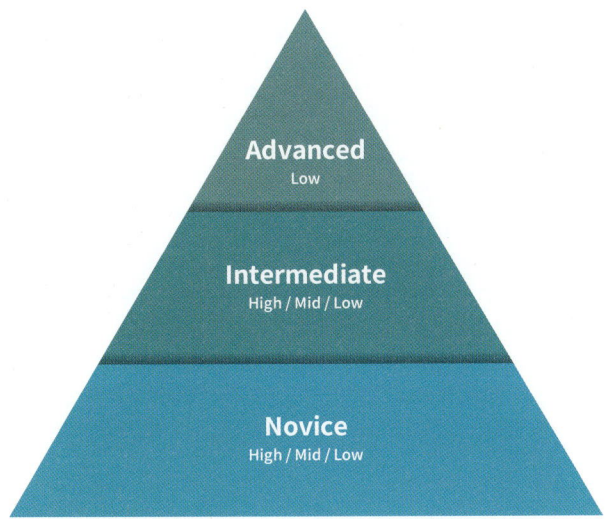

Background Survey 설정

OPIc은 개인 맞춤형 평가입니다. 응시자가 수십가지의 설문 항목에서 일정 개수의 주제를 선택하게 됩니다. 출제 주제와 질문을 최대한 예상하고 그에 맞는 답변을 제공하기 위해서 **진짜녀석들 OPIc**은 아래와 같은 Background Survey 선택을 추천합니다.

1. 현재 귀하는 어느 분야에 종사하고 계십니까?
- ☐ 사업/회사
- ☐ 가사
- ☐ 교사/교육자
- ☐ 군복무
- ■ 일 경험 없음

'사업/회사, 재택 근무/재택 사업' 선택 시 추가 질문
1.1. 현재 귀하는 직업이 있으십니까?
- ☐ 네
- ☐ 아니오

'네' 선택 시 추가 질문
1.1.1. 귀하의 근무 기간은 얼마나 되십니까?
- ☐ 첫 직장 – 2개월 미만
- ☐ 첫 직장 – 2개월 이상
- ☐ 첫 직장 아님 – 경험 많음

'첫 직장 – 2개월 이상, 첫 직장 아님 – 경험 많음' 선택 시 추가 질문
1.1.1.1. 귀하는 부하 직원을 관리하는 관리직을 맡고 있습니까?
- ☐ 네
- ☐ 아니오

2. 현재 귀하는 학생이십니까?
- ☐ 네
- ■ 아니오

'아니오' 선택 시 추가 질문
2.2 예전에 들었던 강의 목적은 무엇입니까?
- ☐ 학위 과정 수업
- ☐ 전문 기술 향상을 위한 평생 학습
- ☐ 어학 수업
- ■ 수강 후 5년 이상 지남

3. 현재 귀하는 어디에서 살고 계십니까?
- ■ 개인 주택이나 아파트에 홀로 거주
- ☐ 친구나 룸메이트와 함께 주택이나 아파트에 거주
- ☐ 가족(배우자/자녀/기타 가족 일원)과 함께 주택이나 아파트에 거주
- ☐ 학교 기숙사
- ☐ 군대 막사

4. 귀하는 여가 활동으로 주로 무엇을 하십니까?
   (두 개 이상 선택)

   ☐ 영화보기
   ☐ 클럽/나이트클럽 가기
   ☐ 공연 보기
   ■ 콘서트 보기
   ☐ 박물관 가기
   ■ 공원 가기
   ☐ 캠핑하기
   ■ 해변 가기
   ☐ 스포츠 관람
   ☐ 주거 개선
   ■ 술집/바에 가기
   ■ 카페/커피전문점 가기
   ☐ 게임하기 (비디오, 카드, 보드, 휴대폰 등)
   ☐ 당구 치기
   ☐ 체스 하기
   ☐ SNS에 글 올리기
   ☐ 친구들에게 문자 보내기
   ☐ 시험대비과정 수강하기
   ☐ TV 보기
   ☐ 리얼리티 쇼 시청하기
   ☐ 뉴스를 보거나 듣기
   ☐ 요리 관련 프로그램 시청하기
   ■ 쇼핑하기
   ☐ 차로 드라이브하기
   ☐ 스파/마사지 샵 가기
   ☐ 구직 활동하기
   ☐ 자원봉사하기

5. 귀하의 취미나 관심사는 무엇입니까?
   (한 개 이상 선택)

   ☐ 아이에게 책 읽어 주기
   ■ 음악 감상하기
   ☐ 악기 연주하기
   ☐ 글쓰기 (편지, 단문, 시 등)
   ☐ 그림 그리기
   ☐ 요리하기
   ☐ 애완동물 기르기
   ☐ 독서
   ☐ 춤추기
   ☐ 주식투자 하기
   ☐ 신문 읽기
   ☐ 여행 관련 블로그나 잡지 읽기
   ☐ 사진 촬영하기
   ☐ 혼자 노래 부르거나 합창하기

6. 귀하는 주로 어떤 운동을 즐기십니까?
   (한 개 이상 선택)

   ☐ 농구
   ☐ 야구/소프트볼
   ☐ 축구
   ☐ 미식축구
   ☐ 하키
   ☐ 크리켓
   ☐ 골프
   ☐ 배구
   ☐ 테니스
   ☐ 배드민턴
   ☐ 탁구
   ☐ 수영
   ☐ 자전거
   ☐ 스키/스노우 보드
   ☐ 아이스 스케이트
   ■ 조깅
   ■ 걷기
   ☐ 요가
   ☐ 하이킹/트레킹
   ☐ 낚시
   ☐ 헬스
   ☐ 태권도
   ☐ 운동 수업 수강하기
   ☐ 운동을 전혀 하지 않음

7. 귀하는 어떤 휴가나 출장을 다녀온 경험이 있습니까?
   (한 개 이상 선택)

   ☐ 국내 출장
   ☐ 해외 출장
   ■ 집에서 보내는 휴가
   ■ 국내 여행
   ■ 해외 여행

Self Assessment 선택

OPIc은 개인 맞춤형 평가입니다. 6개의 난이도 중, 한 가지를 선택하시게 됩니다. 실제 시험에서는 각 난이도의 샘플 답변을 들어 보실 수 있습니다. 단, 실력과 무관하게 너무 높은 난이도를 선택 시, 등급의 불이익을 받을 수 있음을 알려드립니다.

희망 등급	난이도
IL	**난이도 1** 나는 10단어 이하의 단어로 말할 수 있습니다. **난이도 2** 나는 기본적인 물건, 색깔, 요일, 음식, 의류, 숫자 등을 말할 수 있습니다. 나는 항상 완벽한 문장을 구사하지 못하고 간단한 질문도 하기 어렵습니다.
IM1	**난이도 3** 나는 나 자신, 직장, 친한 사람과 장소, 일상에 대한 기본적인 정보를 간단한 문장으로 전달할 수 있습니다. 간단한 질문을 할 수 있습니다.
IM2	**난이도 4** 나는 나 자신, 일상, 일/학교와 취미에 대해 간단한 대화를 할 수 있습니다. 나는 이 친근한 주제와 일상에 대해 쉽게 간단한 문장들을 만들 수 있습니다. 나는 또한 내가 원하는 질문도 할 수 있습니다.
IM3 – AL	**난이도 5** 나는 친근한 주제와 가정, 일 학교, 개인과 사회적 관심사에 대해 자신 있게 대화할 수 있습니다. 나는 일어난 일과 일어나고 있는 일, 일어날 일에 대해 합리적으로 자신 있게 말할 수 있습니다. 필요한 경우 설명도 할 수 있습니다. 일상 생활에서 예기치 못한 상황이 발생하더라도 임기응변으로 대처할 수 있습니다. **난이도 6** 나는 개인적, 사회적 또는 전문적 주제에 나의 의견을 제시하여 토론할 수 있습니다. 나는 다양하고 어려운 주제에 대해 정확하고 다양한 어휘를 사용하여 자세히 설명할 수 있습니다.

OPIc 시험 화면

OPIc은 질문을 듣고, 답변을 녹음하는 스피킹 시험입니다. 시험 화면과 익숙해져야 실전에서 당황하지 않습니다. **진짜녀석들 OPIc IM1**은 시험 화면과 흡사한 이미지를 지속적으로 보여주며 시험에 익숙하도록 도와줍니다.

① 총 문항 수를 표시해주며, 응시자가 몇 번 문제를 풀고 있는지 확인 할 수 있습니다.

② 각 문항마다 'Play' 버튼을 눌러 질문을 들을 수 있으며, 질문은 두 번 들을 수 있습니다.

③ 시험 화면 오른쪽 상단에 'Recording' 표시로 녹음이 되고 있음을 알 수 있습니다.

④ 'Next' 버튼을 클릭하여, 답변을 종료하며 자동으로 다음 문제로 넘어갑니다.

유형별 문제 설명

OPIc은 난이도 설정에 따라 Background Survey에서 응시자가 선택한 주제 및 선택하지 않아도 나오는 '돌발 주제'가 Random으로 12-15개의 문제가 출제됩니다. 각 주제는 콤보(2-3문제)로 출제되며, 콤보의 유형을 미리 파악하는 것이 중요합니다. **진짜녀석들 OPIc IM1**은 난이도 설정에 따른 콤보 유형을 파악하고 답변 준비를 보다 더 효율적으로 할 수 있는 방법을 제공합니다. 유형은 크게 3가지로 묘사, 경험, 롤플레이 유형으로 나누어져 있습니다.

묘사 유형

일반 묘사
장소, 사람, 사물, 일상, 업무 등 콤보 문제의 첫 문제에 해당!
[현재 시제 사용!]

세부 묘사
앞의 묘사 문제의 세부적인 질문!
[루틴, 비교, 장단점, 전과 후, 이슈 등]

경험 유형

일반 경험
최근, 최초, 인상 깊었던 경험은 일반 경험으로 정리!
[무조건 과거 시제 사용!]

문제 해결 경험
해결점을 필히 제시해줘야 하는 경험!
[정확한 스토리 전개와 본인 감정 이입 필수]

롤플레이 유형

정보 요청
특정 상황 제시 후 추가 정보를 묻는 문제!
[인사말 ➡ 질문 1~3 ➡ 마무리 Format 사용]

문제 해결
특정 상황 제시 후 대안을 제시하는 문제!
[상황설명 ➡ 대안 1~3 ➡ 마무리 Format 사용]

단순 질문
면접관 'Eva'에게 3~4개 질문하는 문제!
[인사말 ➡ 질문 1~3 ➡ 마무리 Format 사용]

난이도 1 & 2 선택 시 콤보 유형

난이도 3 & 4 선택 시 콤보 유형

난이도 5 & 6 선택 시 콤보 유형

OPIc 기출 문제 샘플

난이도 3 선택 시, 아래와 같은 유형으로 총 5개 주제(Background Survey에서 선택한 주제, 돌발 주제)로 출제됩니다. 어떤 주제가 출제되는지 미리 알 순 없지만, 질문 순서 별 유형은 정해져 있습니다.

1번: 자기소개
Let's start the interview now. Please tell me a little bit about yourself.

주제 1

2번: 묘사 – 공원 묘사
You indicated in the survey that you go to the parks. Please tell me about the parks that you like to visit. What are they like and what is special about them?

3번: 세부묘사 – 공원에서 주로 하는 일
Now, tell me about your typical visit to the park. Who do you usually go to the park with and what do you do there? Please tell me everything you do when you go to the park.

4번: 경험 – 최근 공원에서 있었던 경험
I want to ask you about the last time you went to the park. What was the name of the park? Who did you go there with? What did you do there? Please tell me about that day from the beginning to the end.

주제 2

5번: 묘사 – 우리나라 휴일 묘사
I would like to ask you about a holiday in your country. Where do people spend that holiday? What is so special about that holiday?

6번: 세부묘사 – 사람들이 휴일에 하는 행동 및 먹는 음식
Now, please tell me how people celebrate that holiday. What are some activities people usually do during that holiday? And what kinds of food do they eat?

7번: 경험 – 어렸을 적 보냈던 휴일 경험
Please tell me about a holiday you spent when you were little. Where were you and who were you with? How did you celebrate that holiday? Please tell me everything that you remember.

주제 3

8번: 묘사 – 해변 묘사
You indicated in the survey that you like to go to the beach. Describe your favorite beach for me. Where is it? What does it look like? Tell me in detail.

9번: 경험 – 최근 방문한 해변의 경험
Please tell me about the beach that you went to recently. Who did you go there with? What did you do? What did you like about that beach? Please tell me everything you remember.

10번: 경험 – 인상 깊었던 해변의 경험
Please tell me about a memorable trip to the beach. Who were you with? What did you do there? What made this trip to the beach so memorable? Please tell me everything about this trip.

주제 4

11번: 롤플레이 – MP3 player 구매 질문
I'd like to give you a situation and ask you to act it out. You want to buy an MP3 player, but you do not know what to buy. Call a store and ask the staff three to four questions about the MP3 player that you want to buy.

12번: 롤플레이 – 친구 MP3 player 고장 낸 상황 대안 제시
I'm sorry, but there is a situation that you need to solve. You borrowed an MP3 player from your friend, but unfortunately, you broke it. Call your friend, explain the situation and offer two to three alternatives to resolve this matter.

13번: 경험 – 기기 고장 후 해결 경험
That's the end of the situation. Please tell me about the time when a piece of equipment broke. When was it and what happened? How did you handle the situation? Please tell me everything about that experience in detail.

주제 5

14번: 묘사 – 자주가는 해외 여행지 묘사
You indicated in the survey that you go on vacations internationally. I would like you to describe one of the countries or cities you usually visit. What does the place look like? Tell me in detail.

15번: 롤플레이 – 왜 여행을 좋아하는지 질문
I also enjoy traveling abroad. Ask me three to four questions about why I like traveling around the world.

교재 구성

진짜녀석들 OPIc IM1은 보다 더 효과적으로 학습할 수 있도록 교재의 구성 및 학습 순서에 대해 알려드립니다.

1. 유형별 답변 Format 숙지

OPIc은 면접에 의거한 스피킹 시험으로 각 유형별 필요 Format이 존재합니다.

단순 서론, 본론, 결론의 Format이 아닌, 유형별로 필요한 구조가 필요합니다.

답변 Format만 제대로 숙지한 후, 답변하신다면 답변의 길이가 길지 않아도 학습자의 생각이 명확히 전달됩니다.

진짜녀석들 OPIc IM1을 통해서 3가지 유형(묘사, 경험, 롤플레이)의 답변 Format을 먼저 익히길 바랍니다.

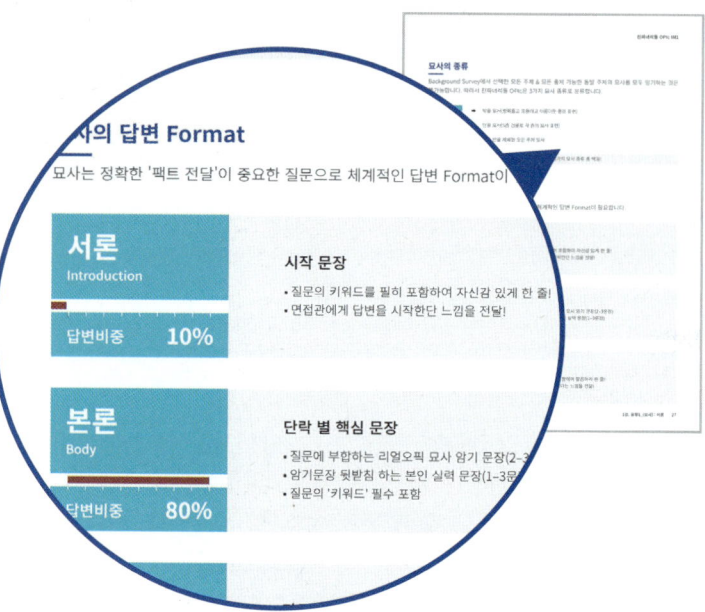

2. 유형별 핵심 문장 암기

OPIc은 다양한 주제의 질문들에 맞는 답변을 준비해야 하는 스피킹 시험입니다.

문장의 난이도(Text Type)를 높여 주기 위해서 여러 문법과 어휘가 포함된 핵심 문장의 암기는 필수입니다.

다만 모든 주제의 답변에 필요한 많은 양의 암기가 아닌, 필요한 만큼의 암기만으로도 충분합니다.

진짜녀석들 OPIc IM1의 핵심 문장으로 어떤 주제의 질문에도 답변이 가능하도록 암기하시기 바랍니다.

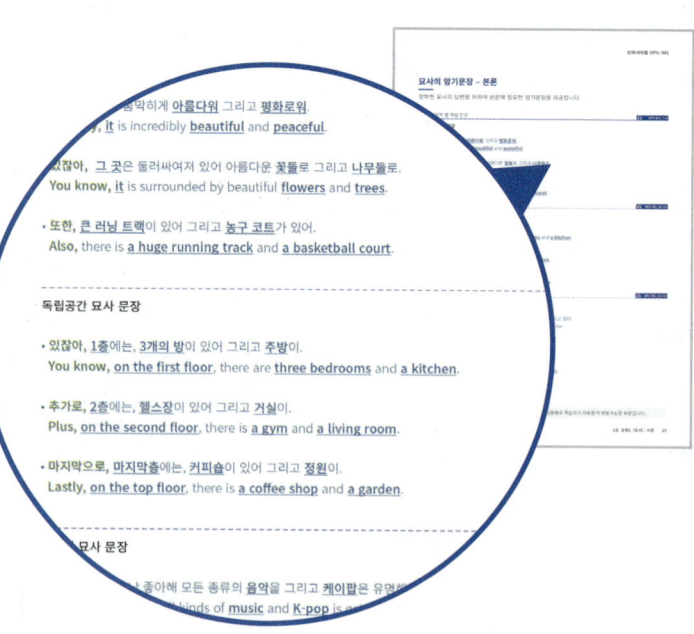

교재 구성

진짜녀석들 OPIc IM1은 보다 더 효과적으로 학습할 수 있도록 교재의 구성 및 학습 순서에 대해 알려드립니다.

3. 유형별 암기문장 활용법

OPIc은 여러 문제의 답변을 위해서 필수적으로 암기해야하는 문장이 존재합니다.

하지만 단순히 암기를 한다면 자신의 문장이 아니기 때문에 시험 도중 생각이 나지 않을 수가 있습니다.

또한, 해당 암기문장의 활용법을 모른다면 어떻게 사용해야 하는지도 몰라 답변을 못하는 경우가 발생합니다.

진짜녀석들 OPIc IM1에서 암기한 문장들의 활용법을 배워 보다더 자연스럽게 암기를 합니다.

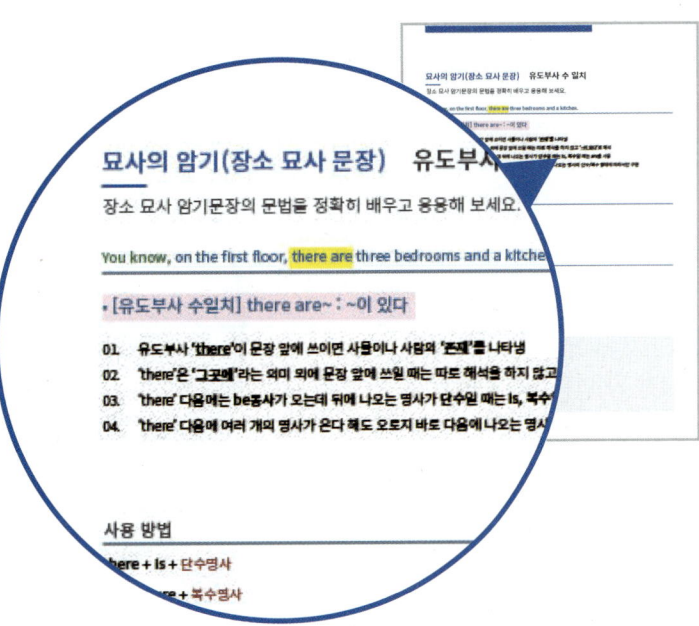

4. 유형별 암기문장 쉐도잉

OPIc은 원어민스러운 답변을 해야 보다 더 점수 획득에 도움을 받습니다.

채점자가 원어민이기에 무작정 암기한 문장만 나열한다면 답변의 전달이 안 될 염려가 있습니다.

그다지 발음이 좋지않아도 실제로 나의 답변처럼 말하는 방법을 배워야 합니다.

진짜녀석들 OPIc IM1의 암기문장 쉐도잉으로 보다 더 자연스럽게 스피킹하는 방법을 획득하시기 바랍니다.

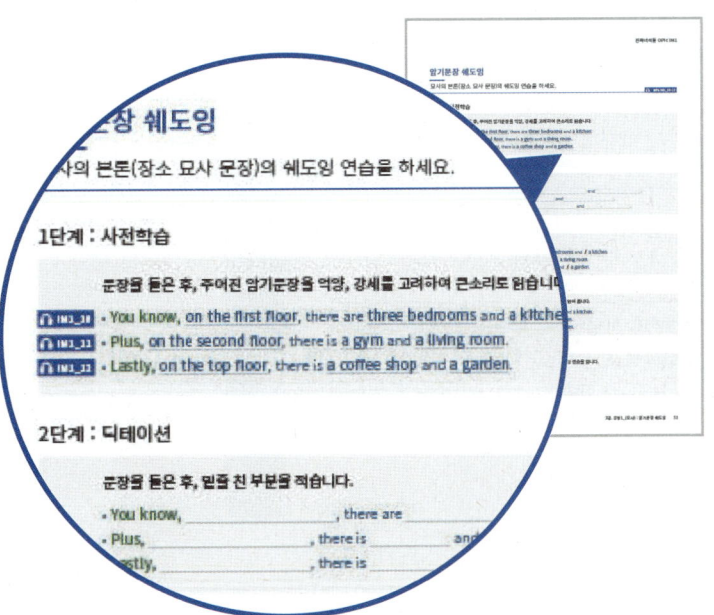

교재 구성

진짜녀석들 OPIc IM1은 보다 더 효과적으로 학습할 수 있도록 교재의 구성 및 학습 순서에 대해 알려드립니다.

5. 유형별 질문 리스닝 훈련

OPIc은 지문이 나오지 않기 때문에 질문을 알아듣지 못하면 답변을 할 수 없는 시험입니다.

리스닝 실력 향상에는 클래식한 방법이 정답입니다. 많이 듣고, 따라 읽는 것이 가장 직접적이면서 가시적인 효과가 있습니다.

다만, 무수히 많은 주제의 질문들을 기점으로 듣기 훈련을 하신다면 너무 긴 시간이 걸릴 것입니다.

따라서 **진짜녀석들 OPIc IM1**을 통해서 3가지 유형(묘사, 경험, 롤플레이)의 질문을 듣고 키워드 캐치 능력을 키우시기 바랍니다.

6. 유형별 답변 훈련

유형별 질문을 듣고 키워드를 캐치합니다.

답변의 한글 해석 또한 단락별로 나누어 제공하므로 보다 더 답변 Format에 익숙해질 수 있습니다.

답변 Format에 의거하여 핵심 문장과 본인 실력 문장을 사용하여 답변 훈련을 생성합니다.

유형별 핵심 암기 문장, 강조해야 할 키워드, 즉흥적으로 생성 가능한 문장들을 매 답변마다 제공합니다.

면접의 답변처럼 명확한 의미 전달에 중점을 두어 답변 훈련을 합니다.

추가로 학습 가능한 어휘 및 표현을 제공합니다.

교재 구성

진짜녀석들 OPIc IM1은 보다 더 효과적으로 학습할 수 있도록 교재의 구성 및 학습 순서에 대해 알려드립니다.

7. 유형별 모의고사

유형별 실제 시험에서 출제되는 질문 순서의 화면으로 시험에 익숙해집니다.
질문의 순서에 맞춰 실제 답변을 연습한 후, 모의 답변으로 자신의 실력을 확인합니다.

 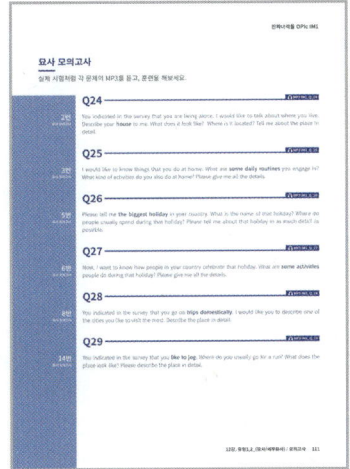 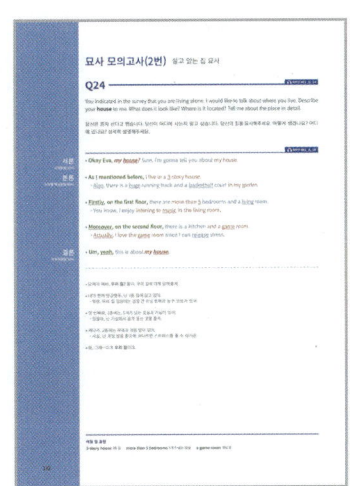

8. APPENDIX

MP3 질문 리스트 : 유형별 질문들로 다양한 방법으로 훈련을 할 수 있습니다.
핵심 암기 문장 리스트 : 유형별 암기해야 할 문장들을 모아둔 자료를 제공합니다.
어휘 및 표현 리스트 : 추가 학습 가능한 어휘 및 표현 리스트를 취합하여 제공합니다.

 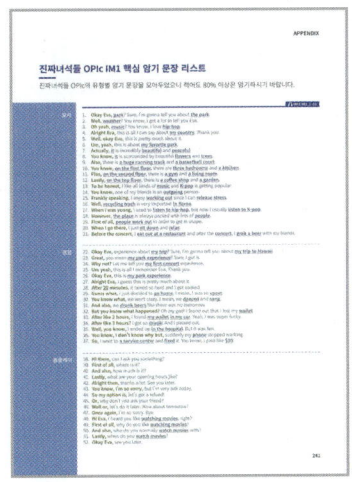 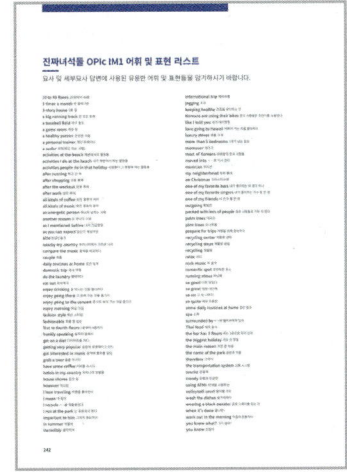

학습 가이드

진짜녀석들 OPIc IM1 교재 + 온라인 강의 시청 의 학습 가이드를 제공합니다.

1강 이론	유형1_묘사: 이론 묘사 유형 이론 파악 묘사 암기문장(16줄) 암기	**14강 이론**	유형 3_경험: 암기문장 활용 경험 암기문장별 문법 이해 경험 암기문장 활용법 학습
2강 이론	유형 1_묘사: 암기문장 활용 묘사 암기문장별 문법 이해 묘사 암기문장 활용법 학습	**15강 훈련**	유형 3_경험: 암기문장 쉐도잉 경험 암기문장 끊어 읽기 방법 경험 암기문장 발음,억양 연습
3강 훈련	유형 1_묘사: 암기문장 쉐도잉 묘사 암기문장 끊어 읽기 방법 묘사 암기문장 발음,억양 연습	**16강 훈련**	유형 3_경험: 리스닝 훈련 경험 유형 질문 키워드 캐치 훈련 경험 유형 답변 준비 연습
4강 훈련	유형 1_묘사: 리스닝 훈련 묘사 유형 질문 키워드 캐치 훈련 묘사 유형 답변 준비 연습	**17강 훈련**	유형 3_경험(최초/최근): 스크립트 훈련1 경험 유형(최초/최근) 예시 스크립트 제공 나만의 문장 추가 요령
5강 훈련	유형 1_묘사(장소): 스크립트 훈련1 묘사 유형(장소) 예시 스크립트 제공 나만의 문장 추가 요령	**18강 훈련**	유형 3_경험(인상/문제): 스크립트 훈련2 경험 유형(인상/문제) 예시 스크립트 제공 나만의 문장 추가 요령
6강 훈련	유형 1_묘사(일반): 스크립트 훈련2 묘사 유형(일반) 예시 스크립트 제공 나만의 문장 추가 요령	**19강 훈련**	유형3_경험: 모의고사 경험 질문 및 답변 (총 5개 질문)
7강 이론	유형2_세부묘사: 이론 세부묘사 유형 이론 파악 세부묘사 암기문장(5줄) 암기	**20강 이론**	유형4_롤플레이: 이론 롤플레이 유형 이론 파악 롤플레이 암기문장(15줄) 암기
8강 이론	유형 2_세부묘사: 암기문장 활용 세부묘사 암기문장별 문법 이해 세부묘사 암기문장 활용법 학습	**21강 이론**	유형4_롤플레이: 암기문장 활용 롤플레이 암기문장별 문법 이해 롤플레이 암기문장 활용법 학습
9강 훈련	유형 2_세부묘사: 암기문장 쉐도잉 세부묘사 암기문장 끊어 읽기 방법 세부묘사 암기문장 발음,억양 연습	**22강 훈련**	유형4_롤플레이: 암기문장 쉐도잉 롤플레이 암기문장 끊어 읽기 방법 롤플레이 암기문장 발음,억양 연습
10강 훈련	유형 2_세부묘사: 리스닝 훈련 세부묘사 유형 질문 키워드 캐치 훈련 세부묘사 유형 답변 준비 연습	**23강 훈련**	유형4_롤플레이: 리스닝 훈련 롤플레이 유형 질문 키워드 캐치 훈련 롤플레이 유형 답변 준비 연습
11강 훈련	유형 2_세부묘사: 스크립트 훈련 세부묘사 유형 예시 스크립트 제공 나만의 문장 추가 요령	**24강 훈련**	유형4_롤플레이: 스크립트 훈련 롤플레이 유형 예시 스크립트 제공 나만의 문장 추가 요령
12강 훈련	유형1,2_묘사, 세부묘사: 모의고사 묘사, 세부묘사 질문 및 답변 (총 6개 질문)	**25강 훈련**	유형4_롤플레이: 모의고사 롤플레이 질문 및 답변 (총 6개 질문)
13강 이론	유형3_경험: 이론 경험 유형 이론 파악 경험 암기문장(16줄) 암기	**26강 이론**	시험 전 정리 Background Survey / Self Assessment 15개 문제 준비

학습 완료 시

시험 응시를 준비합니다.

추가 학습 플랜

MP3 질문 듣기
유형별 MP3를 들으시며 질문의 키워드 캐치에 집중합니다.
(MP3 질문은 학습하시는 내내(이동 시, 업무 중, 자기 전) 들어야 익숙해집니다.)

유형별 답변 스피킹 훈련
유형의 답변을 지속적으로 훈련하여 보다 더 자연스러운 답변을 구사합니다.

본인 실력 문장 추가
보다 더 풍부한 답변을 만들기 위하여 본인 실력 문장을 추가하는 훈련을 합니다.

시험 신청

준비가 되었다고 생각하시기 1주일 전에 시험 신청을 합니다.

시험 신청	시험 신청은 OPIc 홈페이지(www.opic.or.kr)에서 할 수 있습니다. OPIc은 연중 상시 시행 시험입니다. (일부 공휴일 제외) 다만 지역/센터별로 차이가 있을 수 있습니다. 신분증(주민등록증, 운전면허증, 공무원증, 기간만료 전 여권)을 필히 지참해야 합니다.
시험 재 응시 규정	시험 응시 후 재 응시 규정은 최소 25일 이후에 가능합니다. 다만 'Waiver' 제도를 사용하여 재 응시 규정을 무시하고 1번의 시험을 추가 응시 할 수 있습니다. 'Waiver' 제도는 150일에 한 번씩 사용이 가능합니다.
시험 결과	시험 결과는 응시일로부터 일주일 후 OPIc 홈페이지에서 성적 확인이 가능합니다. (일반적으로 오후 1시 발표) 취업 시즌 등의 경우 학습자 편의를 위해 성적 조기 발표(시험일로부터 3~5일)를 시행합니다.

OPIc IM1

1강	유형1_묘사 : 이론	P 025
2강	유형1_묘사 : 암기문장 활용	P 033
3강	유형1_묘사 : 암기문장 쉐도잉	P 045
4강	유형1_묘사 : 리스닝 훈련	P 053
5강	유형1_묘사(장소) : 스크립트 훈련1	P 059
6강	유형1_묘사(일반) : 스크립트 훈련2	P 071
7강	유형2_세부묘사 : 이론	P 077
8강	유형2_세부묘사 : 암기문장 활용	P 083
9강	유형2_세부묘사 : 암기문장 쉐도잉	P 089
10강	유형2_세부묘사 : 리스닝 훈련	P 095
11강	유형2_세부묘사 : 스크립트 훈련	P 099
12강	유형1,2_묘사, 세부묘사 : 모의고사	P 109
13강	유형3_경험 : 이론	P 119
14강	유형3_경험 : 암기문장 활용	P 127
15강	유형3_경험 : 암기문장 쉐도잉	P 141
16강	유형3_경험 : 리스닝 훈련	P 149
17강	유형3_경험(최초, 최근) : 스크립트 훈련1	P 153
18강	유형3_경험(인상, 문제) : 스크립트 훈련2	P 159
19강	유형3_경험 : 모의고사	P 165
20강	유형4_롤플레이 : 이론	P 173
21강	유형4_롤플레이 : 암기문장 활용	P 183
22강	유형4_롤플레이 : 암기문장 쉐도잉	P 197
23강	유형4_롤플레이 : 리스닝 훈련	P 203
24강	유형4_롤플레이 : 스크립트 훈련	P 209
25강	유형4_롤플레이 : 모의고사	P 219
26강	시험 전 정리	P 229

1강 유형 01 (묘사)

이론

묘사의 이해

묘사의 종류

묘사의 답변 Format

묘사의 암기문장

묘사 답변 준비

묘사 질문 파악 전략

묘사 답변 전략

묘사의 이해

OPIc 질문들은 콤보 형태로 나온다고 했죠?
난이도에 따라 질문의 유형도 달라진다고 했습니다. (OPIc의 이해 – 유형별 문제 설명 p13 참조)
각 콤보 문제의 첫 질문은 대부분 묘사로 시작합니다.
묘사는 흔히 장소, 사람, 사물, 일상, 업무 등을 묘사하게 됩니다.

묘사가 나오는 질문 번호를 외우세요!

묘사가 나오는 질문 번호를 외우세요!
IM1 등급 목표 시, 난이도 3으로 설정하시면, 묘사는 총 4문제 출제!

묘사의 종류

Background Survey에서 선택한 모든 주제 & 모든 출제 가능한 돌발 주제의 묘사를 모두 암기하는 것은 불가능합니다. 따라서 진짜녀석들 OPIc은 3가지 묘사 종류로 분류합니다.

개방 공간 묘사	➡	밖을 묘사(평화롭고 조용하고 아름다운 풍경 표현)
독립 공간 묘사	➡	안을 묘사(5층 건물로 각 층의 묘사 표현)
일반적 묘사	➡	밖 & 안을 제외한 모든 주제 묘사

📢 문제를 집중하여 듣고, 키워드를 캐치한 후, 3가지 묘사 종류 중 택일!

묘사의 답변 Format

묘사는 정확한 '팩트 전달'이 중요한 질문으로 체계적인 답변 Format이 필요합니다.

서론 Introduction — 답변비중 10%

시작 문장
- 질문의 키워드를 필히 포함하여 자신감 있게 한 줄!
- 면접관에게 답변을 시작한단 느낌을 전달!

본론 Body — 답변비중 80%

단락 별 핵심 문장
- 질문에 부합하는 진짜녀석들 OPIc 묘사 암기문장 (2-3문장)
- 암기문장 뒷받침 하는 본인 실력 문장 (1-3문장)
- 질문의 '키워드' 필수 포함

결론 Conclusion — 답변비중 10%

마무리 문장
- 질문의 키워드를 필히 포함하여 깔끔하게 한 줄!
- 면접관에게 답변을 끝낸다는 느낌을 전달!

묘사의 암기문장 – 서론 & 결론

정확한 묘사의 답변을 위하여 서론과 결론에 필요한 암기문장을 제공합니다.

서론 - 시작문장　　　　　　　　　　　　　　　　　　　　　　　　🎧 MP3 IM1_1~3

- 오케이 에바, **공원**? 알겠어, **공원**에 대해서 얘기해 줄게.
  Okay Eva, <u>park</u>? Sure, I'm gonna tell you about <u>the park</u>.

- 음, **날씨**? 좋아, 할 말이 엄청 많아 에바야.
  Well, <u>weather</u>? You know, I got a lot to tell you Eva.

- 오 알겠어, **음악**? 난 **힙합**을 좋아해.
  Oh yeah, <u>music</u>? You know, I love <u>hip-hop</u>.

결론 - 마무리문장　　　　　　　　　　　　　　　　　　　　　　　　🎧 MP3 IM1_4~6

- 알겠어 에바, **우리나라**에 대해서 이정도면 될 것 같아. 고마워.
  Alright Eva, this is all I can say about <u>my country</u>. Thank you.

- 음, 오케이 에바, 이 정도면 충분한 것 같아.
  Well, okay Eva, this is pretty much about it.

- 음, 그래~ 이게 **내가 좋아하는 공원**이야.
  Um, yeah, this is about <u>my favorite park</u>.

 암기문장 중, 밑줄 표시가 되어있는 부분은 주제별, 상황별로 학습자가 자유롭게 변형가능한 부분입니다.

묘사의 암기문장 - 본론

정확한 묘사의 답변을 위하여 본론에 필요한 암기문장을 제공합니다.

본론 - 단락 별 핵심 문장

개방공간 묘사 문장

- 사실, 그곳은 숨 막히게 아름다워 그리고 평화로워.
  Actually, it is incredibly beautiful and peaceful.

- 있잖아, 그곳은 둘러싸여져 있어 아름다운 꽃들로 그리고 나무들로.
  You know, it is surrounded by beautiful flowers and trees.

- 또한, 큰 러닝 트랙이 있어 그리고 농구 코트가 있어.
  Also, there is a huge running track and a basketball court.

독립공간 묘사 문장

- 있잖아, 1층에는, 3개의 방이 있어 그리고 주방이.
  You know, on the first floor, there are three bedrooms and a kitchen.

- 추가로, 2층에는, 헬스장이 있어 그리고 거실이.
  Plus, on the second floor, there is a gym and a living room.

- 마지막으로, 마지막 층에는, 커피숍이 있어 그리고 정원이.
  Lastly, on the top floor, there is a coffee shop and a garden.

일반적 묘사 문장

- 솔직히 말해서, 난 좋아해 모든 종류의 음악을 그리고 케이팝은 유명해지고 있어.
  To be honest, I like all kinds of music and K-pop is getting popular.

- 있잖아, 내 친구 중 한 명은 외향적인 사람이야.
  You know, one of my friends is an outgoing person.

- 솔직히 말해서, 난 즐겨 운동을 왜냐하면 풀 수 있거든 스트레스를.
  Frankly speaking, I enjoy working out since I can release stress.

- 사실, 재활용은 굉장히 중요해 한국에서.
  Well, recycling trash is very important in Korea.

 암기문장 중, 밑줄 표시가 되어있는 부분은 주제별, 상황별로 학습자가 자유롭게 변형가능한 부분입니다.

묘사 답변 준비 - 시험화면

난이도 3 설정 시, 묘사가 나오는 번호를 실제 시험화면으로 익숙해져야 합니다.

난이도 3 설정 시, 묘사 질문은 총 4문제(2, 5, 8, 14번)가 출제됩니다.

1. 묘사 질문의 'Play' 버튼 클릭 전, 묘사임을 인지합니다.
2. 진짜녀석들 OPIc 묘사 종류(개방, 독립, 일반)을 생각합니다.
3. 'Play' 버튼 클릭 후, 첫 번째 문제에서 묘사의 키워드를 집중해서 듣습니다.
4. 'Replay' 버튼 클릭 후, 두 번째 문제는 듣지 않고 사용할 묘사 문장을 생각합니다.
5. 오른쪽 상단의 'Recording' 버튼 생성 시, '묘사 답변 Format' 대로 답변합니다.

 문제를 집중하여 듣고, 키워드를 캐치한 후, 3가지 묘사 종류 중 택일!

묘사 질문 파악 전략 – 예시

질문 듣기 전, 이미 유형을 알기에 키워드 캐치에 집중 하셔야 합니다.

예시 질문 - 공원, 카페, 음악

- You indicated in the survey that you go to **the park**. Tell me about the park you like. What does it look like? Where is it located? Please describe it.

    ① park 키워드 캐치 → ② 묘사 종류 선택 → ③ 답변 Format 준비 → ④ 답변

- You indicated in the survey that you go to **cafes**. What cafes or coffee shops are in your neighborhood? Which café do you like to go to and what does that place look like? Describe the place in detail.

    ① cafes 키워드 캐치 → ② 묘사 종류 선택 → ③ 답변 Format 준비 → ④ 답변

- You indicated that you like listening to **music** in the survey. What types of music do you enjoy listening to? And tell me about your **favorite singer**.

    ① music & favorite singer 키워드 캐치 → ② 묘사 종류 선택 → ③ 답변 Format 준비 → ④ 답변

정확한 키워드 캐치를 위한 리스닝 방법을 훈련합니다.

ⓐ **첫 번째 문제에서 무조건 키워드 캐치**
이미 묘사 유형임을 알고 있기에 키워드 단어에만 집중합니다.

ⓑ **묘사 종류 선택**
알맞은 진짜녀석들 OPIc의 3가지 묘사 종류 중 하나를 선택합니다.

ⓒ **두 번째 문제 'Replay' 하며 답변 준비**
두 번째 문제는 듣지 않고, 묘사 답변 Format에 맞추어 답변을 준비합니다.

묘사 답변 전략 – 예시

OPIc은 면접과 흡사한 시험으로 서론, 본론, 결론을 명확하게 지키며 답변합니다.

Q

You indicated in the survey that you like to go to **the park**. Tell me about the park you like. What does it look like? Where is it located? Please describe it.

당신은 공원 가는 것을 좋아한다고 했습니다. 좋아하는 공원에 대해 말해주세요. 어떻게 생겼습니까? 어디에 있죠? 상세히 설명해주세요.

예시 답변 - 공원 묘사

서론 (시작문장/10%)
- Okay Eva, *the park*? Sure, I'm gonna tell you about the park.

본론 (단락별 핵심문장/80%)
- Actually, the park is incredibly beautiful and peaceful.
  - The name of the park is Lake park.

- Also, there is a huge running track and a basketball court.
  - And I always work out there with my friends.

- You know, the park is surrounded by beautiful flowers and trees.
  - So I go there and read a book or listen to music.

결론 (마무리문장/10%)
- Um, yeah, this is about *my favorite park*.

묘사 답변의 고득점을 향한 스피킹 방법을 훈련합니다.

ⓐ **부사 사용(녹색 색상 단어 참고)**
단락의 시작은 항상 부사(접속부사, 부사절 등) 및 추임새를 사용하여 간결함과 연결성을 전달해줍니다.

• **Actually,** the park is incredibly beautiful and peaceful.

ⓑ **암기 문장(파란 색상 문장 참고)**
진짜녀석들 OPIc에서 제공하는 핵심 암기 문장을 사용하여 높은 점수를 받을 수 있는 표현들을 사용합니다.

• You know, the park **is surrounded by beautiful flowers and trees.**

ⓒ **본인 실력 문장(빨간 색상 문장 참고)**
핵심 암기 문장의 추가 설명으로 풍부한 답변이 되도록 본인 실력문장을 더해줍니다. (문법적인 오류가 있어도 자신 실력 문장이 추가되어야 실제 본인 답변처럼 들립니다.) 제공하는 핵심 암기문장을 자신의 실력을 추가하여 변형하기도 합니다.

• Also, there is a huge running track and a basketball court.
  - And I always work out there with my friends.

ⓓ **강세 전달(밑줄 단어 참고)**
영어 말하기에서 강세는 의미를 전달하는 핵심 역할이므로 보다 더 자연스러운 답변을 위하여 강세 전달을 합니다.

• Actually, the park is <u>incredibly</u> beautiful and peaceful.

ⓔ **답변 키워드 강조(기울어진 단어 참고)**
답변의 키워드(ex. park)는 강조하여 읽어줍니다.

• Um, yeah, this is about *my favorite park*.

2강

유형 01 (묘사)

암기문장 활용

I'm gonna

부사

형용사

수동태

유도부사 수 일치

서수

접속부사

현재진행

one of + 복수명사

enjoy + 동명사

동명사 주어

묘사의 암기(서론) I'm gonna~

서론 암기문장의 문법을 정확히 배우고 응용해 보세요.

Okay Eva, park? Sure, I'm gonna tell you about the park.

• [I'm gonna = I am going to] : 나는 ~ 할 것이다

01.   가까운 미래를 나타내는 표현으로, 뒤에는 반드시 **'동사원형'**
02.   **'going to'** 는 발화시 빠르게 표현되어 **'gonna'** 로 발음
03.   비슷한 의미로는 조동사 **'will'** 도 사용 가능

사용 방법

be 동사 + going to (gonna) + 동사원형

= will + 동사원형

활용 및 응용

• I'm gonna tell you about the park.

• I'm gonna tell you about the shopping mall.

• I will talk about the park.

MEMO

묘사의 암기(결론) 부사

결론 암기문장의 문법을 정확히 배우고 응용해 보세요.

Well, okay Eva, this is pretty much about it.

• [부사] : 꽤

01. '<u>pretty</u>'는 '예쁜' 이라는 형용사 외에 부사로도 사용
02. 부사 'pretty'는 '**꽤**'라는 의미로, '**fairly**' '**very**'로 대체 가능
03. 부사는 **형용사 앞에 위치**하여 형용사를 수식
04. 그 외에 부사는 동사, 문장 전체, 다른 부사도 수식

사용 방법

pretty + 형용사

= fairly, very

활용 및 응용

• This is pretty much about it.

• That's pretty interesting.

• This question is pretty tough.

MEMO

묘사의 암기(장소 묘사 문장)　형용사

장소 묘사 암기문장의 문법을 정확히 배우고 응용해 보세요.

Actually, it is incredibly beautiful and peaceful.

• [형용사] peaceful, beautiful : 평화로운, 아름다운

01. '형용사'는 '~하는'으로 해석되어 **사람, 사물, 개념 등의 모습, 상태**를 나타내는 말
02. be 동사와 함께 쓰이면 '**~하다**'로 해석
03. **명사 앞에 위치**하여 해당 명사를 꾸며주는 역할
04. beautiful, pretty, fun, outgoing, sad, sunny, cold 등

사용 방법

be동사 + 형용사

활용 및 응용

• It is incredibly beautiful and peaceful.

• The shopping malls are huge and crowded.

• My friend John is very healthy.

MEMO

묘사의 암기(장소 묘사 문장) 수동태

장소 묘사 암기문장의 문법을 정확히 배우고 응용해 보세요.

You know, it **is surrounded by** beautiful flowers and trees.

• [수동태] ~is surrounded by : ~로 둘러싸여 있다

01. '**수동태**'는 **be동사 + 과거분사** 형태로 '**~되어지다**'로 해석
02. 다른 무언가에 의해 상태나 동작이 '**당해짐**'을 의미
03. 전치사 '**by**' 다음에는 명사로 '**행위자**'를 나타내지만 때에 따라 생략
04. 불규칙 과거분사에 주의하여 사용

사용 방법

be동사 + 과거분사 **(+by)**

활용 및 응용

- It **is surrounded by** beautiful flowers and trees.

- K-POP **is loved by** people all over the world.

- The park **is visited by** many people in the neighborhood.

MEMO

묘사의 암기(장소 묘사 문장)   유도부사 수 일치

장소 묘사 암기문장의 문법을 정확히 배우고 응용해 보세요.

You know, on the first floor, there are three bedrooms and a kitchen.

• [유도부사 수일치] there are~ : ~이 있다

01.   유도부사 'there'이 문장 앞에 쓰이면 사물이나 사람의 '**존재**'를 나타냄
02.   'there'은 '**그곳에**'라는 의미 외에 문장 앞에 쓰일 때는 따로 해석을 하지 않고 '**~이 있다**'로 해석
03.   'there' 다음에는 **be동사**가 오는데 뒤에 나오는 명사가 **단수**일 때는 **is**, **복수**일 때는 **are**을 사용
04.   'there' 다음에 여러 개의 명사가 온다 해도 오로지 바로 다음에 나오는 명사의 단수/복수 형태에 따라서만 구분

사용 방법

there + is + 단수명사

there + are + 복수명사

활용 및 응용

• There are three bedrooms and a kitchen.

• There is a park next to my house.

• There is a gym and a living room.

MEMO

묘사의 암기(장소 묘사 문장) 서수

장소 묘사 암기문장의 문법을 정확히 배우고 응용해 보세요.

Plus, on the **second** floor, there is a gym and a living room.

- **[서수] second : 두번째**

01. 영어에서 '**숫자**'를 나타낼 때는 기수와 서수로 구분
02. **기수** : 기초를 나타내는 수 (one, two, three, four, five⋯)
03. **서수** : 순서를 나타내는 수 (first, second, third, fourth, fifth⋯)
04. 영어에서는 '**층수**'를 표현할 때는 반드시 **서수**를 사용
05. 줄임말로 외우기 (1st, 2nd, 3rd, 4th, 5th ⋯)

사용 방법
층수나 순서를 나타낼 때는 반드시 서수 사용

활용 및 응용

- On the **first** floor, there are three bedrooms and a kitchen.

- On the **second** floor, there is a gym and a living room.

- On the **fourth** floor, you can find a beautiful garden.

MEMO

묘사의 암기(장소 묘사 문장)　접속부사

장소 묘사 암기문장의 문법을 정확히 배우고 응용해 보세요.

Lastly, on the top floor, you can find a beautiful garden and a coffee shop.

• **[접속부사] Lastly : 마지막으로**

01.　'**접속부사**'는 문장과 문장을 **연결**해주는 연결어의 역할
02.　'**Lastly**'는 하고자 하는 말의 마지막을 **강조**할 때 쓰임
03.　같은 표현으로는 'finally,' 'at last,' 'in conclusion' 등

사용 방법

Lastly, 주어 + 동사

= finally, at last, in conclusion

활용 및 응용

• Lastly, on the top floor, you can find a beautiful garden.

• Lastly, there is a cozy coffee shop on the top floor.

• Finally, I usually pack pack a battery charger.

MEMO

묘사의 암기(일반적 문장)   현재진행

일반적 묘사 암기문장의 문법을 정확히 배우고 응용해 보세요.

To be honest, I like all kinds of music and K-pop **is getting** popular.

- **[현재진행] be동사 + 동사ing : ~하는 중이다**

01. **'현재진행'**은 문장의 시제 중 하나로, 진행중인 **동작이나 상태**를 표현
02. **'be동사 + 동사ing'** 형태를 이루며, **'~하는 중이다'**로 해석
03. 'be동사' 시제에 따라 현재진행, 과거진행으로 표현 가능
04. 간혹 **가까운 미래를 표현**할 때도 사용

사용 방법

be동사 + 동사ing

활용 및 응용

- K-pop **is getting** popular.

- My friends and I **are listening** to music right now.

- My friend John **was working** at that time.

묘사의 암기(일반적 묘사 문장)　one of + 복수명사

일반적 묘사 암기문장의 문법을 정확히 배우고 응용해 보세요.

You know, one of my friends is an outgoing person.

• [one of + 복수명사] : ~중에 하나는

01.　'one of + 복수명사'는 여러가지 중 하나에 대한 표현
02.　'one of' 다음에는 반드시 복수 명사 취급, 발화시 주의!
03.　문장의 주어로 해당 표현이 사용될 때는 주어가 'one'이 되므로 동사는 반드시 3인칭 단수형태로 취급

사용 방법

one of 복수명사

* 주어로 사용할 때는 다음에 + 동사(3인칭 단수형태)

활용 및 응용

• One of my friends is an outgoing person.

• This café is one of the best coffee shops in town.

• One of my favorite singers has to be BTS.

MEMO

묘사의 암기(일반적 문장)　enjoy + 동명사

일반적 묘사 암기문장의 문법을 정확히 배우고 응용해 보세요.

Frankly speaking, I enjoy working out since I can release stress.

• [enjoy + 동명사] : ~하는 것을 즐기다

01. 동사 '**enjoy**' 다음에는 목적어로 반드시 **동명사**만 취급
02. 동명사는 **동사+ing** 형태로, '**~하는 것**'이라고 해석
03. 그 외에 동명사만 취급하는 동사는 'keep' 'suggest' 'quit' 등

사용 방법

enjoy + 동명사

활용 및 응용

- I enjoy working out since I can release stress.

- He enjoys playing computer games.

- People enjoy drinking coffee everyday.

MEMO

묘사의 암기(일반적 묘사 문장)   동명사 주어

일반적 묘사 암기문장의 문법을 정확히 배우고 응용해 보세요.

Well, recycling trash is very important in Korea.

• **[동명사 주어] : ~하는 것은**

01. **문장의 주어 자리**에는 보통 명사를 취급하므로, **동명사**도 가능
02. '**~하는 것은**'으로 해석
03. 단, 동명사는 **항상 단수** 취급
04. 동명사 주어의 경우 **동사**는 **3인칭 단수 형태**로 변형

사용 방법

동명사 주어 + 동사(3인칭 단수 취급)

활용 및 응용

• Recycling trash is very important in Korea.

• Working out helps me release stress.

• Watching the sunset reminds me of my girlfriend.

MEMO

3강

유형 01 (묘사)

암기문장 쉐도잉

1단계 : 사전학습

2단계 : 딕테이션

3단계 : 문장 끊어 읽기

4단계 : 전체 문장 읽기

5단계 : 반복 학습

암기문장 쉐도잉

암기문장 쉐도잉은 총 5단계로 나누어져 있습니다.
진짜녀석들 OPIc의 암기문장을 반복듣기 하면서 쉐도잉을 진행합니다.

1단계 **사전학습**	문장을 들은 후, 주어진 암기문장을 억양, 강세를 고려하여 큰소리로 읽습니다. ex.) Actually, **It** is incredibly **beautiful** and **peaceful.**
2단계 **딕테이션**	문장을 들은 후, 밑줄 친 부분을 적습니다. ex.) Actually, ___ is incredibly _____ and _____ .
3단계 **문장 끊어 읽기**	문장을 들은 후, 청크 단위로 끊어 읽어 봅니다. ex.) Actually, / **It** is incredibly **beautiful** / and **peaceful.**
4단계 **전체 문장 읽기**	문장을 들은 후, 3단계를 여러 번 반복한 후, 전체 문장을 한숨에 읽어 봅니다. ex.) Actually, **It** is incredibly **beautiful** and **peaceful.**
5단계 **반복학습**	위 단계를 반복하여, 영어의 어순으로 된 한글 해석을 보며, 쉐도잉 연습을 합니다. ex.) 사실, **그곳은** 숨 막히게 **아름다워** 그리고 **평화로워.**

암기문장 쉐도잉

묘사의 서론(시작문장)의 쉐도잉 연습을 하세요.

🎧 MP3 IM1_1~3

1단계 : 사전학습

문장을 들은 후, 주어진 암기문장을 억양, 강세를 고려하여 큰소리로 읽습니다.

- 🎧 IM1_1 • Okay Eva, <u>park</u>? Sure, I'm gonna tell you about <u>the park</u>.
- 🎧 IM1_2 • Well, <u>weather</u>? You know, I got a lot to tell you Eva.
- 🎧 IM1_3 • Oh yeah, <u>music</u>? You know, I love <u>hip-hop</u>.

2단계 : 딕테이션

문장을 들은 후, 밑줄 친 부분을 적습니다.

- Okay Eva, _____? Sure, I'm gonna tell you about _____.
- Well, _____? You know, I got a lot to tell you Eva.
- Oh yeah, _____? You know, I love _____.

3단계 : 문장 끊어 읽기

문장을 들은 후, 청크 단위로 끊어 읽어 봅니다.

- Okay Eva, <u>park</u>? / Sure, / I'm gonna tell you about / <u>the park</u>.
- Well, <u>weather</u>? / You know, / I got a lot to tell you Eva.
- Oh yeah, <u>music</u>? / You know, / I love <u>hip-hop</u>.

4단계 : 전체 문장 읽기

문장을 들은 후, 3단계를 여러 번 반복한 후, 전체 문장을 한숨에 읽어 봅니다.

- Okay Eva, <u>park</u>? Sure, I'm gonna tell you about <u>the park</u>.
- Well, <u>weather</u>? You know, I got a lot to tell you Eva.
- Oh yeah, <u>music</u>? You know, I love <u>hip-hop</u>.

5단계 : 반복 학습

위 단계를 반복하여, 영어의 어순으로 된 한글 해석을 보며, 쉐도잉 연습을 합니다.

- 오케이 에바, **공원**? 알겠어, **공원**에 대해서 얘기해 줄게.
- 음, **날씨**? 좋아, 할 말이 엄청 많아 에바야.
- 오 알겠어, **음악**? 난 **힙합**을 좋아해.

암기문장 쉐도잉

묘사의 결론(마무리문장)의 쉐도잉 연습을 하세요.

🎧 MP3 IM1_4~6

1단계 : 사전학습

문장을 들은 후, 주어진 암기문장을 억양, 강세를 고려하여 큰소리로 읽습니다.

🎧 IM1_4 • Alright Eva, this is all I can say about **my country**. Thank you.
🎧 IM1_5 • Well, okay Eva, this is pretty much about it.
🎧 IM1_6 • Um, yeah, this is about **my favorite park**.

2단계 : 딕테이션

문장을 들은 후, 밑줄 친 부분을 적습니다.

• Alright Eva, this is all I can say about _____. Thank you.
• Well, okay Eva, this is pretty much about it.
• Um, yeah, this is about _____.

3단계 : 문장 끊어 읽기

문장을 들은 후, 청크 단위로 끊어 읽어 봅니다.

• Alright Eva, / this is all I can say about / **my country**. / Thank you.
• Well, okay Eva, / this is pretty much about it.
• Um, yeah, / this is about / **my favorite park**.

4단계 : 전체 문장 읽기

문장을 들은 후, 3단계를 여러 번 반복한 후, 전체 문장을 한숨에 읽어 봅니다.

• Alright Eva, this is all I can say about **my country**. Thank you.
• Well, okay Eva, this is pretty much about it.
• Um, yeah, this is about **my favorite park**.

5단계 : 반복 학습

위 단계를 반복하여, 영어의 어순으로 된 한글 해석을 보며, 쉐도잉 연습을 합니다.

• 알겠어 에바, **우리나라**에 대해서 이정도면 될 것 같아. 고마워.
• 음, 오케이 에바, 이 정도면 충분한 것 같아.
• 음, 그래~ 이게 **내가 좋아하는 공원**이야.

암기문장 쉐도잉

묘사의 본론(장소 묘사 문장)의 쉐도잉 연습을 하세요.

🎧 MP3 IM1_7~9

1단계 : 사전학습

문장을 들은 후, 주어진 암기문장을 억양, 강세를 고려하여 큰소리로 읽습니다.

🎧 IM1_7 • Actually, <u>it</u> is incredibly <u>beautiful</u> and <u>peaceful</u>.
🎧 IM1_8 • You know, <u>it</u> is surrounded by beautiful <u>flowers</u> and <u>trees</u>.
🎧 IM1_9 • Also, there is <u>a huge running track</u> and <u>a basketball court</u>.

2단계 : 딕테이션

문장을 들은 후, 밑줄 친 부분을 적습니다.

• Actually, _____ is incredibly _____ and _____.
• You know, _____ is surrounded by beautiful _____ and _____.
• Also, there is _____ and _____.

3단계 : 문장 끊어 읽기

문장을 들은 후, 청크 단위로 끊어 읽어 봅니다.

• Actually, / <u>it</u> is incredibly <u>beautiful</u> and / <u>peaceful</u>.
• You know, / <u>it</u> is surrounded by / beautiful <u>flowers</u> and <u>trees</u>.
• Also, there is <u>a</u> / <u>huge running track</u> and <u>a</u> / <u>basketball court</u>.

4단계 : 전체 문장 읽기

문장을 들은 후, 3단계를 여러 번 반복한 후, 전체 문장을 한숨에 읽어 봅니다.

• Actually, <u>it</u> is incredibly <u>beautiful</u> and <u>peaceful</u>.
• You know, <u>it</u> is surrounded by beautiful <u>flowers</u> and <u>trees</u>.
• Also, there is <u>a huge running track</u> and <u>a basketball court</u>.

5단계 : 반복 학습

위 단계를 반복하여, 영어의 어순으로 된 한글 해석을 보며, 쉐도잉 연습을 합니다.

• 사실, <u>그곳은</u> 숨 막히게 <u>아름다워</u> 그리고 <u>평화로워</u>.
• 있잖아, <u>그곳은</u> 둘러싸여져 있어 아름다운 <u>꽃들</u>로 그리고 <u>나무들</u>로.
• 또한, <u>큰 러닝 트랙</u>이 있어 그리고 <u>농구 코트</u>가 있어.

암기문장 쉐도잉

묘사의 본론(장소 묘사 문장)의 쉐도잉 연습을 하세요.

🎧 MP3 IM1_10~12

1단계 : 사전학습

문장을 들은 후, 주어진 암기문장을 억양, 강세를 고려하여 큰소리로 읽습니다.

🎧 IM1_10 • You know, <u>on the first floor</u>, there are <u>three bedrooms</u> and <u>a kitchen</u>.
🎧 IM1_11 • Plus, <u>on the second floor</u>, there is <u>a gym</u> and <u>a living room</u>.
🎧 IM1_12 • Lastly, <u>on the top floor</u>, there is <u>a coffee shop</u> and <u>a garden</u>.

2단계 : 딕테이션

문장을 들은 후, 밑줄 친 부분을 적습니다.

• You know, _____, there are _____ and _____.
• Plus, _____, there is _____ and _____.
• Lastly, _____, there is _____ and _____.

3단계 : 문장 끊어 읽기

문장을 들은 후, 청크 단위로 끊어 읽어 봅니다.

• You know, / <u>on the first floor</u>, / there are <u>three bedrooms</u> and / <u>a kitchen</u>.
• Plus, / <u>on the second floor</u>, / there is <u>a gym</u> and / <u>a living room</u>.
• Lastly, / <u>on the top floor</u>, / there is <u>a coffee shop</u> and / <u>a garden</u>.

4단계 : 전체 문장 읽기

문장을 들은 후, 3단계를 여러 번 반복한 후, 전체 문장을 한숨에 읽어 봅니다.

• You know, <u>on the first floor</u>, there are <u>three bedrooms</u> and <u>a kitchen</u>.
• Plus, <u>on the second floor</u>, there is <u>a gym</u> and <u>a living room</u>.
• Lastly, <u>on the top floor</u>, there is <u>a coffee shop</u> and <u>a garden</u>.

5단계 : 반복 학습

위 단계를 반복하여, 영어의 어순으로 된 한글 해석을 보며, 쉐도잉 연습을 합니다.

• 있잖아, <u>1층</u>에는, <u>3개의 방</u>이 있어 그리고 <u>주방</u>이.
• 추가로, <u>2층</u>에는, <u>헬스장</u>이 있어 그리고 <u>거실</u>이.
• 마지막으로, <u>마지막 층</u>에는, <u>커피숍</u>이 있어 그리고 <u>정원</u>이.

암기문장 쉐도잉

묘사의 본론(일반적 묘사 문장)의 쉐도잉 연습을 하세요.

🎧 MP3 IM1_13~16

1단계 : 사전학습

문장을 들은 후, 주어진 암기문장을 억양, 강세를 고려하여 큰소리로 읽습니다.
- 🎧 IM1_13 • To be honest, I like all kinds of music and K-pop is getting popular.
- 🎧 IM1_14 • You know, one of my friends is an outgoing person.
- 🎧 IM1_15 • Frankly speaking, I enjoy working out since I can release stress.
- 🎧 IM1_16 • Well, recycling trash is very important in Korea.

2단계 : 딕테이션

문장을 들은 후, 밑줄 친 부분을 적습니다.
- To be honest, I like all kinds of _____ and _____ is getting popular.
- You know, one of my friends is an _____ person.
- Frankly speaking, I enjoy _____ since I can _____.
- Well, _____ is very important _____.

3단계 : 문장 끊어 읽기

문장을 들은 후, 청크 단위로 끊어 읽어 봅니다.
- To be honest, / I like all kinds of music and / K-pop is getting popular.
- You know, / one of my friends is / an outgoing person.
- Frankly speaking, / I enjoy working out since / I can release stress.
- Well, / recycling trash is / very important in / Korea.

4단계 : 전체 문장 읽기

문장을 들은 후, 3단계를 여러 번 반복한 후, 전체 문장을 한숨에 읽어 봅니다.
- To be honest, I like all kinds of music and K-pop is getting popular.
- You know, one of my friends is an outgoing person.
- Frankly speaking, I enjoy working out since I can release stress.
- Well, recycling trash is very important in Korea.

5단계 : 반복 학습

위 단계를 반복하여, 영어의 어순으로 된 한글 해석을 보며, 쉐도잉 연습을 합니다.
- 솔직히 말해서, 난 좋아해 모든 종류의 음악을 그리고 케이팝은 유명해지고 있어냐하면 .
- 있잖아, 내 친구 중 한 명은 외향적인 사람이야.
- 솔직히 말해서, 난 즐겨 운동을 왜냐하면 풀 수 있거든 스트레스를.
- 사실, 재활용은 굉장히 중요해 한국에서.

4강 유형 01 (묘사)

리스닝 훈련

묘사 질문 리스트

개방공간 묘사

독립공간 묘사

일반적 묘사

묘사 질문 리스트

진짜녀석들 OPIc의 3가지 묘사(장소, 일반적 묘사) 질문들의 MP3를 듣고 키워드 캐치를 훈련하세요.

MP3 IM1_Q_1~15

개방공간 묘사

You indicated in the survey that you go to **the park**. Tell me about the park you like. What does it look like? Where is it located? Please describe it.

You indicated in the survey that you like to go to **the beach**. Describe your favorite beach for me. Where is it? What does it look like? Tell me in detail.

You indicated in the survey that you go on **international trips**. I would like you to describe one of the countries or cities you usually visit. What does the place look like? Tell me in detail.

I would like to know about **the geography of your country**. Describe the geographical features of your country such as mountains, rivers and waters in as much detail as possible.

Let's talk about **a country that is nearby your country**. What is the name of that country? What is special about that country? How are the people there? Please give me all the details.

독립공간 묘사

You indicated in the survey that you go to **bars**. Describe one of your favorite bars that you often go to. Please tell me everything about that bar in detail.

You indicated in the survey that you go to **cafes**. What cafes or coffee shops are in your neighborhood? Which café do you like to go to and why? Please tell me in detail.

I would like to ask you about your **favorite shopping mall**. Where is it located and what does it look like? Also, how often do you go shopping? Please tell me about that shopping mall in detail.

I would like to know about **the hotels in your country**. Where are they located? What do they look like? Are there any special things, if you compare to hotels in other countries? Please give me all the details.

I would like to ask you about **the bank** you usually go to. Where is it located? What does it look like? Please give me all the details.

일반적 묘사

You indicated in the survey that you like **listening to music**. What types of music do you enjoy listening to? Who is your favorite singer? Please tell me in detail.

I would like to ask you **how people in your country dress**. What kind of clothes do they wear? Tell me about fashion styles in your country in as much detail as possible.

Please tell me about **a healthy person** you know. Who is he or she? What does he or she do to keep healthy? For example, does he or she eat healthy food? Please tell me about that person in detail.

Let's talk about **the transportation system in your country**. What kind of transportation do people usually use? Why do they use that type of transportation? Please tell me in as much detail as possible.

I would like to know **how recycling is practiced in your country**. What kind of items do people recycle? When do they recycle?

장소 묘사 - 개방공간

진짜녀석들 OPIc의 3가지 묘사(장소, 일반적 묘사) 질문들의 MP3를 듣고 키워드 캐치를 훈련하세요.

서베이 / 공원

🎧 MP3 IM1_Q_1

자주가는 공원 묘사

You indicated in the survey that you go to the park. Tell me about the park you like. What does it look like? Where is it located? Please describe it.

/ KEYWORD

서베이 / 해변

🎧 MP3 IM1_Q_2

자주가는 해변 묘사

You indicated in the survey that you like to go to the beach. Describe your favorite beach for me. Where is it? What does it look like? Tell me in detail.

/ KEYWORD

서베이 / 해외여행

🎧 MP3 IM1_Q_3

자주가는 해외여행지 묘사

You indicated in the survey that you go on international trips. I would like you to describe one of the countries or cities you usually visit. What does the place look like? Tell me in detail.

/ KEYWORD

돌발 / 지리

🎧 MP3 IM1_Q_4

한국의 지리적 특징 묘사

I would like to know about the geography of your country. Describe the geographical features of your country such as mountains, rivers and waters in as much detail as possible.

/ KEYWORD

돌발 / 이웃국가

🎧 MP3 IM1_Q_5

이웃 국가 묘사

Let's talk about a country that is nearby your country. What is the name of that country? What is special about that country? How are the people there? Please give me all the details.

/ KEYWORD

장소 묘사 - 독립공간

진짜녀석들 OPIc의 3가지 묘사(장소, 일반적 묘사) 질문들의 MP3를 듣고 키워드 캐치를 훈련하세요.

🎧 MP3 IM1_Q_6

서베이 / 술집,바

자주가는 바 묘사

You indicated in the survey that you go to bars. Describe one of your favorite bars that you often go to. Please tell me everything about that bar in detail.

/ KEYWORD

🎧 MP3 IM1_Q_7

서베이 / 커피숍

자주가는 커피숍 묘사

You indicated in the survey that you go to cafes. What cafes or coffee shops are in your neighborhood? Which café do you like to go to and why? Please tell me in detail.

/ KEYWORD

🎧 MP3 IM1_Q_8

서베이 / 쇼핑

자주가는 쇼핑몰 묘사

I would like to ask you about your favorite shopping mall. Where is it located and what does it look like? Also, how often do you go shopping? Please tell me about that shopping mall in detail.

/ KEYWORD

🎧 MP3 IM1_Q_9

돌발 / 호텔

우리나라 호텔 묘사

I would like to know about the hotels in your country. Where are they located? What do they look like? Are there any special things, if you compare to hotels in other countries? Please give me all the details.

/ KEYWORD

🎧 MP3 IM1_Q_10

돌발 / 은행

자주가는 은행 묘사

I would like to ask you about the bank you usually go to. Where is it located? What does it look like? Please give me all the details.

/ KEYWORD

일반적 묘사

진짜녀석들 OPIc의 3가지 묘사(장소, 일반적 묘사) 질문들의 MP3를 듣고 키워드 캐치를 훈련하세요.

서베이 / 음악

자주듣는 음악 묘사
You indicated in the survey that you like listening to music. What types of music do you enjoy listening to? Who is your favorite singer? Please tell me in detail.

/ KEYWORD

돌발 / 패션

우리나라 사람들의 패션 스타일
I would like to ask you how people in your country dress. What kind of clothes do they wear? Tell me about fashion styles in your country in as much detail as possible.

/ KEYWORD

돌발 / 건강

알고있는 건강한 사람 묘사
Please tell me about a healthy person you know. Who is he or she? What does he or she do to keep healthy? For example, does he or she eat healthy food? Please tell me about that person in detail.

/ KEYWORD

돌발 / 교통

우리나라 사람들이 이용하는 교통수단 묘사
Let's talk about the transportation system in your country. What kind of transportation do people usually use? Why do they use that type of transportation? Please tell me in as much detail as possible.

/ KEYWORD

돌발 / 재활용

우리나라의 재활용 묘사
I would like to know how recycling is practiced in your country. What kind of items do people recycle? When do they recycle?

/ KEYWORD

5강

유형 01 (묘사)

스크립트 훈련1

2번

5번

8번

14번

개방공간 묘사 자주 가는 공원 묘사

Q1

You indicated in the survey that you like to go to **the park**. Tell me about the park you like. What does it look like? Where is it located? Please describe it.

당신은 공원 가는 것을 좋아한다고 했습니다. 좋아하는 공원에 대해 말해주세요. 어떻게 생겼습니까? 어디에 있죠? 상세히 설명해주세요.

서론 시작문장/10%

- **Okay** Eva, **the park?** Sure, I'm gonna tell you about the park.

본론 단락별 핵심문장/80%

- **Actually,** the park is incredibly beautiful and peaceful.
  - You know, the name of the park is ABC park. It's very beautiful.

- **Also,** there is a big running track and a baseball field.
  - I mean, I always play baseball with my friends. It's very fun!

- **You know,** ABC park is surrounded by beautiful flowers and trees.
  - Also, there are more than 50 benches. So, I sit down, and I listen to music.

결론 마무리문장/10%

- **Um, yeah,** this is about my favorite park.

- 오케이 에바, **공원?** 알겠어, 공원에 대해서 말해 줄게.

- 사실, 공원은 숨 막히게 아름답고 평화로워.
  - 있잖아, 공원 이름은 ABC 공원이야. 엄청 아름다워.

- 그리고, 큰 러닝트랙과 야구 필드가 있어.
  - 내 말은, 난 항상 친구들과 야구를 해. 진짜 재미있어!

- 있잖아, ABC 공원은 아름다운 꽃들과 나무로 둘러싸여져 있어.
  - 또한 50개가 넘는 벤치가 있어. 그래서 난 앉아서 음악을 들어.

- 음, 그래~ 이게 내가 좋아하는 **공원**이야.

어휘 및 표현

incredibly 숨 막히게   you know 있잖아   a big running track 큰 조깅 트랙   a baseball field 야구 필드   the name of the park 공원의 이름
I mean 내 말은   be surrounded by~ ~에 둘러싸여져 있어

개방공간 묘사 — 자주 가는 해변 묘사

Q2

You indicated in the survey that you like to go to **the beach**. Describe your favorite beach for me. Where is it? What does it look like? Tell me in detail.

당신은 해변 가는 것을 좋아한다고 했습니다. 좋아하는 해변을 묘사해주세요. 어디에 있죠? 어떻게 생겼습니까? 상세히 설명해주세요.

서론 시작문장/10%

- Well, the beach? You know, I got a lot to tell you Eva.

본론 단락별 핵심문장/80%

- You know, I usually go to HAEWOONDAE beach.
  - Frankly speaking, I enjoy going there since I can release stress.

- And also, the beach is incredibly beautiful.
  - I mean, it is such a romantic spot, so the beach is popular for couples.

- Lastly, at the beach, there is a coffee shop.
  - You know, the coffee shop is surrounded by beautiful flowers and trees.

결론 마무리문장/10%

- Well, okay Eva, this is pretty much about my favorite beach.

- 음, **해변?** 있잖아, 할 말이 엄청 많아 에바야.

- 있잖아, 난 보통 해운대 해변을 가.
  - 솔직히 말해서, 그곳에서 스트레스를 풀 수 있어서 가는 것을 좋아해.

- 그리고 또한, 해변은 숨 막히게 아름다워.
  - 내 말은, 너무 로맨틱한 곳이어서 커플들에게 인기가 많아.

- 마지막으로, 해변에는, 커피숍이 있어.
  - 있잖아, 커피숍은 아름다운 꽃들과 나무들로 둘러싸여져 있어.

- 음, 오케이 에바, 이게 내가 좋아하는 **해변**에 대한 충분한 설명 같아.

어휘 및 표현

frankly speaking 솔직히 말해서   enjoy going there 그곳에 가는 것을 즐기다   romantic spot 로맨틱한 장소   couple 커플

개방공간 묘사 자주 가는 해외여행지 묘사

Q3

You indicated in the survey that you go on **international trips**. I would like you to describe one of the countries or cities you usually visit. What does the place look like? Tell me in detail.

당신은 휴가 때, 해외여행 가는 것을 좋아한다고 했습니다. 당신이 보통 방문하는 나라 혹은 도시를 묘사해주세요. 어떻게 생겼습니까? 상세히 설명해주세요.

서론 시작문장/10%

- Well, *international trips?* You know, I'm gonna tell you about Hawaii Eva.

본론 단락별 핵심문장/80%

- First of all, I love going to Hawaii since it is incredibly beautiful and peaceful.
  - Actually, I can do lots of things there. I can swim, fish and relax.

- Also, there is a huge hotel and yeah, it is such a huge hotel.
  - Frankly speaking, when I go to Hawaii, I can release stress.

- Lastly, Hawaii is surrounded by beautiful flowers and palm trees.

결론 마무리문장/10%

- Um, yeah, I go on vacations to Hawaii.

- 흠, 해외로의 휴가? 있잖아, 내가 하와이에 대해서 말해 줄게 에바야.

- 첫 번째로, 난 하와이 가는 것을 좋아해. 왜냐하면 그곳은 숨 막히게 아름답고 평화롭거든.
  - 사실, 난 많은 것들을 할 수 있어. 수영도 하고, 낚시도 하고, 쉬기도 할 수 있어.

- 또한, 그곳에는 큰 호텔이 있어. 맞아, 엄청 큰 호텔이 있어.
  - 솔직히 말해서, 내가 하와이를 가면, 난 스트레스를 풀 수 있어.

- 마지막으로, 하와이는 아름다운 꽃들과 야자수들로 둘러싸여져 있어.

- 음, 그래~ 난 **하와이**로 여행을 가.

어휘 및 표현

international trip 해외여행　　love going to Hawaii 하와이 가는 것을 좋아하다　　relax 쉬다　　palm trees 야자수

개방공간 묘사 한국의 지리적 특징 묘사

Q4

I would like to know about **the geography of your country**. Describe the geographical features of your country such as mountains, rivers and waters in as much detail as possible.

당신 나라의 지리에 대해 알고 싶습니다. 산, 강, 바다와 같은 지리적 특징을 상세히 묘사해주세요.

서론 시작문장/10%
- Oh yeah, *geography*? You know, I'm gonna tell you about my country Eva.

본론 단락별 핵심문장/80%
- Frankly speaking, there are lots of mountains in Korea.
  - Actually, the mountains are incredibly beautiful.
  - I enjoy going to the mountains since they are so beautiful.

- Also, you know, there are lots of beaches in Korea.
  - I mean, the beaches are romantic spots, so the beaches are popular for tourists.

- Lastly, there are many parks in Korea.
  - You know what? The parks are so quiet and peaceful.

결론 마무리문장/10%
- Alright Eva, this is all I can say about **my country**. Thank you.

- 아~ 지리? 있잖아, 내가 우리나라에 대해서 말해 줄게 에바야.

- 솔직히 말해서, 한국에는 산들이 많아.
  - 사실, 산들은 숨 막히게 아름다워.
  - 난 산에 가는 걸 좋아해. 왜냐하면 너무 아름답거든.

- 또한, 있잖아, 한국에는 해변들이 많아.
  - 내 말은, 해변들은 로맨틱한 곳들이야. 그래서 해변들은 관광객들에게 인기가 많아.

- 마지막으로, 한국에는 공원들이 많아.
  - 그거 알아? 공원들은 엄청 조용하고 평화로워.

- 알겠어 에바, **우리나라**에 대해서 이 정도면 될 것 같아. 고마워.

어휘 및 표현
tourist 관광객   you know what? 그거 알아?   so quiet 매우 조용한

개방공간 묘사 이웃 국가 묘사

Q5

🎧 MP3 IM1_Q_5

Let's talk about **a country that is nearby your country**. What is the name of that country? What is special about that country? How are the people there? Please give me all the details.

당신 나라와 가까운 나라에 대해 말해봅시다. 그 나라의 이름은 무엇인가요? 그 나라에 대해 특별한 점은 무엇인가요? 그 나라 사람들은 어떤가요? 상세히 말해주세요.

🎧 MP3 IM1_A_5

서론 시작문장/10%

- <u>Okay</u> Eva, *nearby my <u>country</u>?* Sure, I'm gonna tell you about <u>Thailand</u>.

본론 단락별 핵심문장/80%

- You know, <u>Thailand</u> is surrounded by <u>beautiful</u> flowers and pine trees.
   - I <u>enjoy</u> going to Thailand since it is <u>very</u> beautiful and <u>peaceful</u>.

- <u>Frankly</u> speaking, I enjoy going to Thailand since Thai food is <u>great</u>.
   - I mean, I like <u>all</u> kinds of Asian food and <u>Thai</u> food is getting <u>popular</u>.

- <u>Lastly</u>, um, <u>people</u>? They are very <u>outgoing</u> and <u>friendly</u>.

결론 마무리문장/10%

- Well, <u>okay</u> Eva, this is <u>pretty</u> much about **a <u>country</u> nearby my country**.

- 오케이 에바, **우리나라에서 가까운 나라?** 알겠어, 태국에 대해서 말해 줄게.

- 있잖아, 태국은 아름다운 꽃들과 소나무들로 둘러싸여져 있어.
   - 난 태국 가는 것을 좋아해. 왜냐하면 태국은 너무 아름답고 평화롭거든.

- 솔직히 말해서, 난 태국 가는 것을 좋아해. 왜냐하면 태국 음식이 맛있거든.
   - 내 말은, 난 모든 아시안 음식을 좋아하는데, 태국 음식은 유명해지고 있어.

- 마지막으로, 음, 사람들? 사람들은 엄청 활발하고 친절해.

- 음, 오케이 에바, **우리나라와 가까운 나라**에 대해서 이 정도면 될 것 같아.

어휘 및 표현

nearby my country 우리나라에서 가까운 나라   **pine trees** 소나무들   **Thai food** 태국 음식   **outgoing** 활발한

독립공간 묘사 자주 가는 바 묘사

Q6

You indicated in the survey that you go to **bars**. Describe one of your favorite bars that you often go to. Please tell me everything about that bar in detail.

당신은 바에 간다고 했습니다. 자주 가는 좋아하는 바를 묘사해주세요. 그 장소에 대해 상세히 설명해주세요.

서론 시작문장/10%
- Okay Eva, *a bar?* Sure, I'm gonna tell you about one of my favorite bars.

본론 단락별 핵심문장/80%
- First of all, the bar has 3 floors.
  - You know, on the first floor, there are many tables and chairs.
  - I enjoy drinking there since I can release stress.

- And also, on the second floor, there is a garden.
  - I mean, it is such a romantic spot.
  - Plus, the garden is surrounded by beautiful flowers and trees.

결론 마무리문장/10%
- Well, okay Eva, this is pretty much about *my favorite bar*.

- 오케이 에바, **바?** 그래, 내가 좋아하는 바 중에 하나를 말해 줄게.
- 첫 번째로, 바는 3층으로 되어 있어.
  - 있잖아, 1층에는, 많은 테이블과 의자들이 있어.
  - 난 그곳에서 술 한잔하는 것을 좋아해. 왜냐하면 스트레스를 풀 수 있거든.
- 그리고 또한, 2층에는 정원이 있어.
  - 내 말은, 그곳은 로맨틱한 곳이야.
  - 추가로, 정원은 아름다운 꽃들과 나무로 둘러싸여져 있어.
- 음, 오케이 에바, **내가 좋아하는 바**에 대해서 이 정도면 될 것 같아.

어휘 및 표현

one of my favorite bars 내가 좋아하는 바 중의 하나 | the bar has 3 floors 바는 3층으로 되어 있어 | enjoy drinking 술 마시는 것을 좋아하다

독립공간 묘사 자주 가는 커피숍 묘사

Q7

You indicated in the survey that you go to **cafes**. What cafes or coffee shops are in your neighborhood? Which café do you like to go to and why? Please tell me in detail.

당신은 커피숍에 간다고 했습니다. 동네에 어떤 카페 혹은 커피숍들이 있나요? 어느 카페를 가나요? 그리고 왜 그 카페를 가나요? 상세히 설명해주세요.

서론 시작문장/10%
- Well, *a coffee shop?* You know, I got a lot to tell you Eva.

본론 단락별 핵심문장/80%
- Firstly, the coffee shop has 5 floors.
  - You know, on the first to fourth floors, there are many tables and chairs.
  - Well, as I mentioned before, I like all kinds of coffee.

- Also, on the top floor, there is a garden.
  - You know, the garden is such a romantic spot.

- Lastly, the coffee shop is surrounded by beautiful flowers and trees.

결론 마무리문장/10%
- Well, okay Eva, this is pretty much about *my favorite coffee shop.*

- 아, **커피숍?** 있잖아, 해줄 말이 많아 에바야.

- 첫 번째로, 커피숍은 5층으로 되어있어.
  - 있잖아, 1층부터 4층까지는, 많은 테이블과 의자들이 있어.
  - 음, 내가 언급했듯, 난 모든 종류의 커피를 좋아해.

- 또한, 마지막 층에는, 정원이 있어.
  - 있잖아, 정원은 굉장히 로맨틱한 곳이야.

- 마지막으로, 커피숍은 아름다운 꽃들과 많은 나무로 둘러싸여져 있어.

- 음, 오케이 에바, **내가 좋아하는 커피숍**에 대해서 이 정도면 될 것 같아.

어휘 및 표현
as I mentioned before 내가 언급했듯   first to fourth floors 1층부터 4층까지   all kinds of coffee 모든 종류의 커피

진짜녀석들 OPIc IM1

독립공간 묘사 자주 가는 쇼핑몰 묘사

Q8

I would like to ask you about your **favorite shopping mall**. Where is it located and what does it look like? Also, how often do you go shopping? Please tell me about the shopping mall in detail.

당신이 좋아하는 쇼핑몰에 대해 묻고 싶습니다. 어디에 있나요? 어떻게 생겼나요? 또한 얼마나 종종 쇼핑을 하시나요? 쇼핑몰에 대해 상세히 설명해주세요.

서론 시작문장/10%

- Oh yeah, *shopping mall?* You know, I love ABC shopping mall.

본론 단락별 핵심문장/80%

- **Actually,** the shopping mall has 10 floors.
  - You know, on the first floor, there are many luxury stores.
  - I mean, Gucci, Chanel, Fendi and so on.

- **Plus,** on the second floor, there is a gym and a spa.
  - You know, I enjoy working out there since I can release stress.

- **Lastly,** on the top floor, there is a coffee shop.
  - You know, the coffee shop is so quiet, therefore I often go there after shopping.

결론 마무리문장/10%

- Um, yeah, this is about *my favorite shopping mall.*

- 오 알겠어, **쇼핑몰?** 있잖아 난 ABC 쇼핑몰을 좋아해.

- 사실상, 쇼핑몰은 10층으로 되어있어.
  - 있잖아 1층에는 많은 명품 가게들이 있어.
  - 내 말은, 구찌, 샤넬, 펜디 등의 가게가 있어.

- 추가로, 2층에는 헬스장과 스파가 있어.
  - 있잖아, 난 그곳에서 운동하는 것을 좋아해. 왜냐하면 스트레스를 풀 수 있거든.

- 마지막으로, 마지막 층에는 커피숍이 있어.
  - 있잖아, 커피숍은 굉장히 조용해, 그래서 난 쇼핑 후에 종종 그곳을 가.

- 음, 그래~ 이게 내가 좋아하는 **쇼핑몰**이야.

어휘 및 표현

luxury stores 명품 가게   spa 스파   so quiet 매우 조용한   therefore 그래서   after shopping 쇼핑 후에

독립공간 묘사 우리나라 호텔 묘사

Q9 🎧 MP3 IM1_Q_9

I would like to know about **the hotels in your country**. Where are they located? What do they look like? Are there any special things, if you compare to hotels in other countries? Please give me all the details.

당신 나라의 호텔에 대해 알고 싶습니다. 어디에 있나요? 어떻게 생겼나요? 다른 나라 호텔과 비교하여 특별한 것이 있나요? 상세히 설명해주세요.

🎧 MP3 IM1_A_9

서론
시작문장/10%

- **Well,** *hotels in my country?* You know, I got a lot to tell you Eva.

본론
단락별 핵심문장/80%

- **First of all,** there are many hotels in my country.
  - Moreover, the hotels have 20 to 40 floors.

- **You know,** on the first floor, there is a reception desk.
  - As you can expect, people check in there.

- **Plus,** on the second to 30th floors, there are many rooms.
  - Also, there is a gym and a spa.

- **Lastly,** on the top floor, there is a garden.
  - You know, the hotels in Korea have gardens on their top floors.
  - Plus, gardens are surrounded by beautiful flowers and trees.

결론
마무리문장/10%

- **Alright Eva,** this is all I can say about **hotels in my country.** Thank you.

- 아, **우리나라 호텔들?** 있잖아, 내가 해줄 얘기가 많아 에바야.

- 첫 번째로, 우리나라에는 호텔들이 아주 많아.
  - 게다가, 호텔들은 20 – 40층까지 있어.

- 있잖아, 1층에는 리셉션이 있어.
  - 네가 예상하듯, 사람들은 그곳에서 체크인을 해.

- 추가로, 2층에서 30층에는 많은 객실들이 있어.
  - 또한, 헬스장과 스파도 있어.

- 마지막으로, 마지막 층에는 정원이 있어.
  - 있잖아, 한국의 호텔들은 꼭대기 층에 정원이 있어.
  - 또한 정원들은 아름다운 꽃들과 나무로 둘러싸여져 있어.

- 알겠어 에바야, 이 정도면 **우리나라 호텔** 얘기로 충분한 것 같아. 고마워.

어휘 및 표현

hotels in my country 우리나라 호텔들   moreover 게다가   20 to 40 floors 20층에서 40층   as you can expect 당신이 예상하듯

진짜녀석들 OPIc IM1

독립공간 묘사 자주 가는 은행 묘사

Q10 ─────────────────── 🎧 MP3 IM1_Q_10

I would like to ask you about **the bank** you usually go to. Where is it located? What does it look like? Please give me all the details.

당신이 자주가는 은행에 대해 묻고 싶습니다. 어디에 있나요? 어떻게 생겼나요? 상세히 설명해주세요.

🎧 MP3 IM1_A_10

서론
시작문장/10%

- Okay Eva, *the bank?* Sure, I'm gonna tell you about my favorite bank.

본론
단락별 핵심문장/80%

- First of all, the name of the bank is ABC bank.
   - You know, ABC bank is getting very popular.

- Alright, on the first floor, there are many ATMs.
   - As you can expect, there are lots of people using ATMs.

- Also, on the second floor, there are bank tellers.

- Lastly, on the top floor, there is a small coffee shop.
   - Well, sometimes I have some coffee there.

결론
마무리문장/10%

- Well, okay Eva, this is pretty much about *my favorite bank.*

- 오케이 에바, **은행?** 당연하지, 내가 좋아하는 은행을 말해 줄게.

- 첫 번째로, 은행의 이름은 ABC 은행이야.
   - 있잖아, ABC 은행은 굉장히 유명해지고 있어.

- 자, 1층에는 많은 ATM들이 있어.
   - 네가 예상하듯, 많은 사람들이 ATM을 사용해.

- 또한, 2층에는 은행원들이 있어.

- 마지막으로, 마지막 층에는 조그마한 커피숍이 있어.
   - 음, 난 가끔 가서 커피를 마시곤 해.

- 음 오케이 에바, 이 정도면 **내가 좋아하는 은행** 얘기로 충분한 것 같아.

어휘 및 표현
getting very popular 굉장히 유명해지고 있다   **ATM** 현금인출기   **using ATMs** ATM을 사용하는   **bank teller** 은행원
have some coffee 커피를 마시다

6강

유형 01 (묘사)

스크립트 훈련2

2번

5번

8번

14번

일반적 묘사 자주 듣는 음악 묘사

Q11

You indicated in the survey that you like **listening to music**. What types of music do you enjoy listening to? Who is your favorite singer? Please tell me in detail.

당신은 음악 듣는 것을 좋아한다고 했습니다. 어떤 종류의 음악을 좋아 하시나요? 좋아하는 가수는 누구인가요? 상세히 설명해주세요.

서론 시작문장/10%

- Oh yeah, *music?* You know, I love hip-hop.

본론 단락별 핵심문장/80%

- **You know** what? I like all kinds of music.
  - As I mentioned before, I love hip-hop because hip-hop is getting popular.

- **Moreover,** I enjoy listening to hip-hop since I can release stress.
  - So I listen to music after work.

- Oh, my favorite singer?
  - You know, one of my favorite singers is Eminem.
  - Actually, his music is so great.

결론 마무리문장/10%

- Um, yeah, this is about *my favorite music and a singer.*

- 오 알겠어, **음악?** 있잖아, 난 힙합을 좋아해.

- 있잖아, 난 모든 종류의 음악을 좋아해.
  - 내가 언급했듯, 난 힙합을 좋아해. 왜냐하면 힙합은 유명해지고 있거든.

- 게다가, 난 힙합 듣는 것을 좋아해. 왜냐하면 난 스트레스를 풀 수 있거든.
  - 그래서 난 업무 후에 음악을 들어.

- 오, 내가 좋아하는 가수?
  - 있잖아, 내가 좋아하는 가수 중 한 명은 에미넴이야.
  - 사실, 그의 음악은 정말 대단해.

- 음, 그래~ 이게 내가 **좋아하는 음악과 가수야.**

어휘 및 표현

all kinds of music 모든 종류의 음악   **as I mentioned before** 내가 언급했듯   **after work** 업무 후에   **one of my favorite singers** 내가 좋아하는 가수 중 한 명   **so great** 정말 대단해

진짜녀석들 OPIc IM1

일반적 묘사 우리나라 사람들의 패션 스타일

Q12

I would like to ask you **how people in your country dress**. What kind of clothes do they wear? Tell me about fashion styles in your country in as much detail as possible.

당신 나라 사람들이 어떻게 옷을 입는지 묻고 싶습니다. 어떤 종류의 옷을 입나요? 당신 나라 사람들의 패션 스타일에 대해 상세히 설명해주세요.

서론 시작문장/10%

- Okay Eva, _fashion styles_? Sure, I'm gonna tell you about fashion styles in Korea.

본론 단락별 핵심문장/80%

- Well, fashion styles are very important in Korea.
   - You know, Koreans are very fashionable and trendy.

- Moreover, they like all kinds of clothes and wearing a black sweater is getting popular.
   - So, most Koreans wear black sweaters.

결론 마무리문장/10%

- Alright Eva, this is all I can say about fashion styles in Korea. Thank you.

- 오케이 에바, **패션 스타일?** 좋아, 우리나라 패션 스타일에 대해서 말해 줄게.

- 음, 한국에서 패션 스타일은 매우 중요해.
   - 있잖아, 한국 사람들은 굉장히 옷을 잘 입고, 유행에 민감해.

- 게다가, 그들은 모든 종류의 옷들을 좋아해. 그리고 검정 스웨터를 입는 것이 유명해지고 있어.
   - 그래서 많은 한국 사람들은 검정 스웨터를 입어.

- 알겠어 에바, 이 정도가 **한국의 패션 스타일**에 대한 것 같아. 고마워.

어휘 및 표현

fashion style 패션 스타일   **fashionable** 옷을 잘 입는   **trendy** 유행에 민감한   **wearing a black sweater** 검정 스웨터를 입는 것
most Koreans 대부분의 한국 사람들

일반적 묘사 알고있는 건강한 사람 묘사

Q13

Please tell me about **a healthy person** you know. Who is he or she? What does he or she do to keep healthy? For example, does he or she eat healthy food? Please tell me about that person in detail.

당신이 알고 있는 건강한 사람에 대해 말해주세요. 누구인가요? 그 분은 건강을 유지하기 위해서 어떤 것을 하나요? 예를 들어, 건강식품을 먹나요? 그 사람에 대해 상세히 설명해주세요.

서론 시작문장/10%

- Well, a <u>healthy person?</u> You know, I got a <u>lot</u> to tell you Eva.

본론 단락별 핵심문장/80%

- You know, one of my <u>friends</u> is a healthy person.
  - I mean, he is a <u>personal</u> trainer.

- And <u>also</u>, he <u>always</u> runs at the <u>park</u>.
  - You know, there is a <u>huge</u> running track at the park.

- **Moreover,** he <u>enjoys</u> working out since he can <u>release</u> stress.
  - Well, <u>keeping</u> healthy is <u>very</u> important to him.

결론 마무리문장/10%

- Um, <u>yeah</u>, this is about **my healthy friend.**

- 음, 건강한 사람? 있잖아, 내가 해줄 말이 많아 에바야.

- 있잖아, 내 친구 중 한 명이 건강한 사람이야.
  - 내 말은, 그는 개인 트레이너야.

- 또한, 그는 공원에서 항상 뛰어.
  - 있잖아, 공원에 큰 러닝 트랙이 있거든.

- 게다가, 그는 운동하는 것을 좋아해. 왜냐하면 스트레스를 풀 수 있거든.
  - 음, 건강을 유지하는 것은 그에게 굉장히 중요해.

- 음, 그래~ 이 정도가 내 **건강한 친구**에 대해서야.

어휘 및 표현

a healthy person 건강한 사람   one of my friends 내 친구 중 한 명   a personal trainer 개인 트레이너   keeping healthy 건강을 유지하는 것
important to him 그에게 중요하다

진짜녀석들 OPIc IM1

일반적 묘사
우리 나라 사람들이 이용하는 교통 수단 묘사

Q14

🎧 MP3 IM1_Q_14

Let's talk about **the transportation system in your country**. What kind of transportation do people usually use? Why do they use that type of transportation? Please tell me in as much detail as possible.

당신 나라의 교통 수단에 대해서 말해봅시다. 어떤 종류의 교통수단을 사람들은 주로 이용하나요? 왜 그 교통 수단을 이용하나요? 상세히 설명해주세요.

🎧 MP3 IM1_A_14

서론
시작문장/10%

- Okay Eva, the <u>transportation</u> system in my <u>country</u>? Sure, I'm gonna tell you about it.

본론
단락별 핵심문장/80%

- <u>Frankly</u> speaking, <u>most</u> Koreans are using their <u>bikes</u>.
  - You know, <u>keeping</u> healthy is <u>very</u> important to Koreans.

- When they ride <u>bicycles,</u> they can <u>release</u> stress.
  - <u>Moreover,</u> they can <u>also</u> get on a diet.

결론
마무리문장/10%

- Well, <u>okay</u> Eva, this is <u>pretty</u> much about the <u>transportation</u> system in my <u>country.</u>

- 오케이 에바, **우리나라의 교통 시스템**? 좋아, 말해 줄게.

- 솔직히 말해서, 대부분의 한국 사람들은 자전거를 타.
  - 있잖아, 건강을 유지하는 것은 한국 사람들에게 매우 중요해.

- 그들이 자전거를 타면, 그들은 스트레스를 풀 수 있어.
  - 게다가, 그들은 다이어트도 할 수 있어.

- 음, 오케이 에바, **우리나라의 교통 시스템**에 대해서 이 정도면 충분한 것 같아.

어휘 및 표현

the transportation system 교통 시스템   Koreans are using their bikes 한국 사람들은 자전거를 사용한다   get on a diet 다이어트를 하다

6강. 유형1_(묘사/일반) : 스크립트 훈련2

일반적 묘사 우리 나라의 재활용 묘사

Q15

🎧 MP3 IM1_Q_15

I would like to know **how recycling is practiced in your country**. What kind of items do people recycle? When do they recycle?

당신 나라의 재활용 방식은 어떠한 식으로 되어있는지 알고 싶습니다. 어떠한 품목을 재활용 하시나요? 언제 재활용 하나요?

🎧 MP3 IM1_A_15

서론
시작문장/10%

- Well, *recycling*? You know, I got a lot to tell you Eva.

본론
단락별 핵심문장/80%

- Well, recycling trash is very important in Korea.
  - You know, there are lots of recycling centers in Korea.

- **You know,** on the first floor, people recycle plastic and paper.
  - Plus, on the second floor, people recycle metal and so on.

결론
마무리문장/10%

- **Alright** Eva, this is all I can say about *recycling*. Thank you.

- 음, **재활용?** 있잖아, 할 말이 엄청 많아 에바야.

- 사실, 한국에서 재활용은 굉장히 중요해.
  - 있잖아, 한국에는 많은 재활용 센터들이 있어.

- 있잖아, 1층에는, 사람들이 플라스틱과 종이를 재활용해.
  - 추가로, 2층에서는, 사람들이 금속 등을 재활용해.

- 알겠어, 에바, **재활용**에 대해서 이 정도면 될 것 같아. 고마워.

어휘 및 표현

recycling 재활용   recycling center 재활용 센터   so on 그 외 나머지

7강

유형 02 (세부묘사)

이론

세부묘사의 이해

세부묘사의 종류

세부묘사의 답변 Format

세부묘사의 암기문장

세부묘사 답변 준비

세부묘사의 이해

OPIc 질문들은 콤보 형태로 나온다고 했죠?
난이도에 따라 질문의 유형도 달라진다고 했습니다.(OPIc의 이해 – 유형별 문제 설명 p13 참조)
세부묘사는 묘사 질문 뒤에 출제되며 난이도 3 or 4 선택 시, 3번과 6번에 출제됩니다.
세부묘사 질문 종류는 흔히 하는 일, 취향변화, 준비물, 방법, 계기 등이 있습니다.

세부묘사가 나오는 질문 번호를 외우세요!

세부묘사가 나오는 질문 번호를 외우세요!
IM1 등급 목표 시, 난이도 3으로 설정하시면, 세부묘사는 총 2문제 출제!

세부묘사의 종류

세부묘사는 바로 앞에 출제된 '묘사' 질문의 세부적인 질문입니다.
자주 출제되는 세부 묘사 질문의 종류는 아래와 같습니다.

일반	➡ 앞의 묘사 문제에서 조금 더 Detail한 질문 (6하 원칙으로 질문)
루틴	➡ 공원, 헬스장, 여행 등 해당 장소에서 하는 행동의 순서 설명
비교	➡ 토픽(ex. 음악 등)의 전과 후 행동 및 취향 변화 설명
시작 계기	➡ 토픽(ex. 조깅, 걷기 등)을 시작하게 된 계기에 대한 설명
준비물	➡ 토픽(ex. 여행, 운동 등)을 시작하기 전의 준비 단계 및 준비물에 대한 설명
장단점	➡ 토픽(ex. 기기사용 등)을 사용함에 있어 장점과 단점에 대한 설명

📢 문제를 집중하여 듣고, 키워드를 캐치한 후, 배운 묘사 문장을 최대한 활용!

세부묘사의 답변 Format

세부묘사는 앞의 '묘사' 질문에 대한 세부적인 설명으로 간략하지만 앞의 '묘사' 답변과 연결성 있는 체계적인 답변 Format이 필요합니다.

서론 Introduction (답변비중 10%)

시작 문장
- 질문의 키워드를 필히 포함하여 자신감 있게 한 줄!
- 면접관에게 답변을 시작한단 느낌을 전달!

본론 Body (답변비중 80%)

단락 별 핵심 문장
- 질문에 부합하는 진짜녀석들 OPIc 묘사 암기문장 (2-3문장)
- 암기문장 뒷받침 하는 본인 실력 문장 (1-3문장)
- 질문의 '키워드' 필수 포함

결론 Conclusion (답변비중 10%)

마무리 문장
- 질문의 키워드를 필히 포함하여 깔끔하게 한 줄!
- 면접관에게 답변을 끝낸다는 느낌을 전달!

세부묘사의 암기문장 – 본론(단락 별 핵심 암기 문장)

정확한 세부묘사의 답변 제공을 위하여 본론에 필요한 암기문장을 제공합니다.

본론 - 단락별 핵심 문장

🎧 MP3 IM1_17~21

- 내가 어렸을 땐, 난 하곤 했어 **힙합을 듣는 것**을, 하지만 지금은 난 주로 **들어** K-pop을.
  When I was young, I used to **listen to hip-hop**, but now I usually **listen to K-pop**.

- 어쨌든, **그곳은** 항상 붐벼 많은 **사람들**로.
  However, **the place** is always packed with lots of **people**.

- 첫 번째로, **사람들**은 **운동을 해** 몸매를 가꾸기 위해서.
  First of all, **people work out** in order to get in shape.

- 그곳에 가면, 난 그냥 앉아서 쉬어.
  When I go there, I just **sit down** and **relax**.

- 콘서트 전에는, 난 **레스토랑에 가서 밥을 먹어**, 그리고 **콘서트** 후에는, **맥주를 마셔** 친구들과 함께.
  Before the concert, I **eat out at a restaurant** and after the **concert**, I **grab a beer** with my friends.

세부묘사 답변 준비 – 시험화면

난이도 3 설정 시, 묘사가 나오는 번호를 실제 시험화면으로 익숙해져야 합니다.

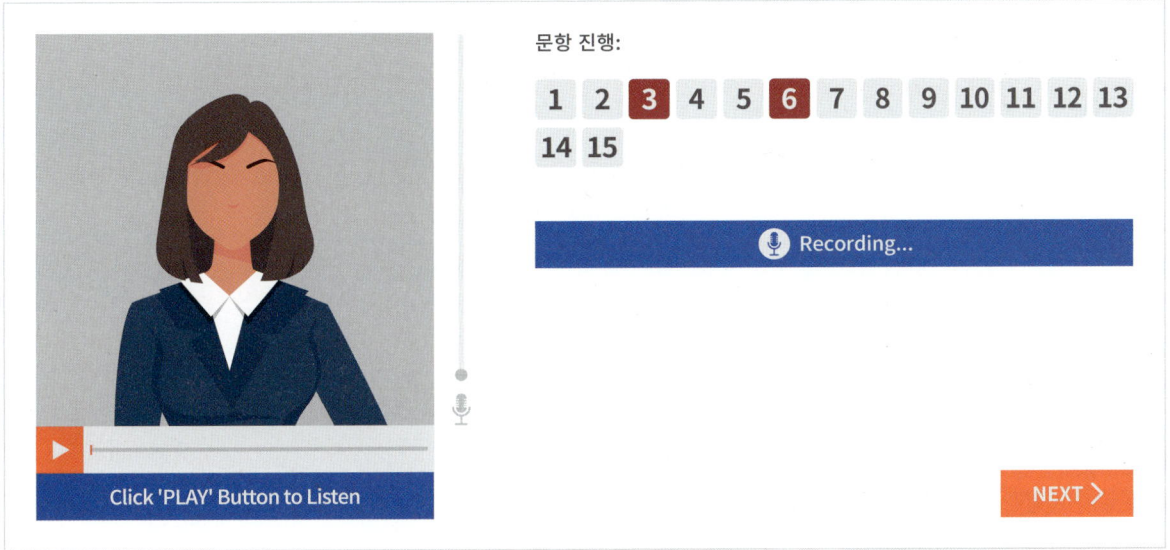

난이도 3 설정 시, 세부 묘사 질문은 총 2문제(3, 6번)가 출제됩니다.

1. 세부묘사 질문의 'Play' 버튼 클릭 전, 어떤 토픽의 세부 묘사임을 인지합니다.
2. 이미 선택, 사용한 진짜녀석들 OPIc 묘사 종류 중 하나 및 세부묘사 암기문장을 생각합니다.
3. 'Play' 버튼 클릭 후, 첫 번째 문제에서 세부묘사의 키워드를 집중해서 듣습니다.
4. 'Replay' 버튼 클릭 후, 두 번째 문제는 듣지 않고 사용할 세부묘사 문장을 생각합니다.
5. 오른쪽 상단의 'Recording' 버튼 생성 시, '세부묘사 답변 Format' 대로 답변합니다.

 이미 어떤 토픽인지 인지하고 있으므로 문제의 키워드 캐치에 초 집중!

8강 유형 02 (세부묘사)

암기문장 활용

used to

빈도부사

in order to~

시간접속사

시간전치사

세부묘사의 암기문장 used to

세부묘사의 문법을 정확히 배우고 응용해 보세요.

When I was young, I used to listen to hip-hop, but now I usually listen to K-pop.

• [특수조동사] used to : ~하곤 했었다

01. '**used to**'는 과거시제에만 사용되며, **과거의 상태나 습관**을 표현
02. '**~하곤 했었다**'로 해석되어 **과거에는 했지만 현재는 아닌 상태**
03. 'used to' 다음에는 반드시 '**동사원형**'을 취급
04. 'be used to'와 헷갈리지 않도록 주의!

사용 방법

used to + 동사원형

* 부정문으로 만들 경우 형태 변화에 주의, didn't + use to + 동사원형

활용 및 응용

• I used to listen to hip-hop, but now I usually listen to K-pop.

• People used to go to the beach on Christmas.

• She didn't use to work out everyday.

MEMO

세부묘사의 암기문장   빈도부사

세부묘사의 문법을 정확히 배우고 응용해 보세요.

However, the place is always packed with lots of people.

• [빈도부사] always : 항상

01. **부사**는 문장 전체나 **형용사, 동사**를 꾸며주는 역할
02. '**빈도부사**'는 어떤 일이나 행동의 **빈도수**를 나타냄
03. 빈도부사는 동사의 종류에 따라 문장에서의 위치가 달라지므로 주의
04. **be동사, 조동사 뒤** / **일반동사 앞**
05. always (항상), usually (보통), often (종종), sometimes (때때로), never (절대)

사용 방법

be동사 + 빈도부사

조동사 + 빈도부사

빈도부사 + 일반동사

활용 및 응용

• The place is always packed with lots of people.

• People sometimes visit the beach on holidays.

• I can never understand him.

MEMO

세부묘사의 암기문장   in order to

세부묘사의 문법을 정확히 배우고 응용해 보세요.

First of all, people work out in order to get in shape.

• [숙어] in order to : ~하기 위해서

01. 'in order to'는 '~하기 위해서'로 해석되어 어떤 일의 목적을 표현
02. 'in order to' 다음에는 반드시 **동사 원형**
03. 숙어에 사용된 전치사를 헷갈리지 않도록 주의!
04. '~하지 않기 위해서'처럼 부정문으로 만들 때는 '**in order not to**'

사용 방법

in order to + 동사원형

* 부정문: in order not to + 동사원형

활용 및 응용

• People work out in order to get in shape.

• In order to enjoy the music, I use powerful speakers.

• You have to study in order not to fail the test.

MEMO

세부묘사의 암기문장　시간접속사

세부묘사의 문법을 정확히 배우고 응용해 보세요.

When I go there, I just sit down and relax.

• [시간접속사] when : ~할 때

01. **'접속사'** 는 **단어와 단어, 구와 구, 절과 절**을 **연결**하여 한문장으로 만들어주는 말
02. 시간접속사 **'when'**은 **'~할 때'**로 해석되어 절과 절을 이어주는 역할
03. 보통 [**when + 주어 + 동사, 주어 + 동사**]의 형태로 완성
04. 'when'이 포함된 접속사절 다음에는 반드시 쉼표를 넣고 발화시에도 한 템포 쉬면서 다음 문장으로 연결

사용 방법

When + 주어 + 동사, 주어+ 동사

활용 및 응용

- When I go there, I just sit down and relax.

- When people visit the park, they play many sports.

- When I wake up in the morning, I drink water first.

MEMO

세부묘사의 암기문장   시간전치사

세부묘사의 문법을 정확히 배우고 응용해 보세요.

==Before== the concert, I eat out at a restaurant and ==after== the concert, I grab a beer with my friends.

• [시간전치사] before : ~전에 / after : ~후에

01. **'before' / 'after'**는 <u>전치사</u>와 <u>접속사</u>로 사용 가능
02. 단어 뒤에 **명사**가 오면 <u>전치사</u>, **주어+동사** 문장이 오면 <u>접속사</u>
03. 보통 시간의 전후에 대한 내용을 표현

사용 방법

before/after + 명사

활용 및 응용

• ==Before== the concert, I eat out at a restaurant and ==after== the concert, I grab a beer with my friends.

• People usually go shopping ==before== Christmas.

• I love to take a walk ==after== a stressful day.

MEMO

9강 유형 02 (세부묘사)

암기문장 쉐도잉

1단계 : 사전학습

2단계 : 딕테이션

3단계 : 문장 끊어 읽기

4단계 : 전체 문장 읽기

5단계 : 반복 학습

암기문장 쉐도잉

암기문장 쉐도잉은 총 5단계로 나누어져 있습니다.
진짜녀석들 OPIc의 암기문장을 반복듣기 하면서 쉐도잉을 진행합니다.

1단계 - 사전학습
문장을 들은 후, 주어진 암기문장을 억양, 강세를 고려하여 큰소리로 읽습니다.
ex.) Actually, <u>It</u> is incredibly <u>beautiful</u> and <u>peaceful.</u>

2단계 - 딕테이션
문장을 들은 후, 밑줄 친 부분을 적습니다.
ex.) Actually, ___ is incredibly _____ and _____.

3단계 - 문장 끊어 읽기
문장을 들은 후, 청크 단위로 끊어 읽어 봅니다.
ex.) Actually, / <u>It</u> is incredibly <u>beautiful</u> / and <u>peaceful.</u>

4단계 - 전체 문장 읽기
문장을 들은 후, 3단계를 여러 번 반복한 후, 전체 문장을 한숨에 읽어 봅니다.
ex.) Actually, <u>It</u> is incredibly <u>beautiful</u> and <u>peaceful.</u>

5단계 - 반복학습
위 단계를 반복하여, 영어의 어순으로 된 한글 해석을 보며, 쉐도잉 연습을 합니다.
ex.) 사실, <u>그곳은</u> 숨 막히게 <u>아름다워</u> 그리고 <u>평화로워.</u>

암기문장 쉐도잉

세부묘사 문장의 쉐도잉 연습을 하세요.

🎧 MP3 IM1_17~21

1단계 : 사전학습

문장을 들은 후, 주어진 암기문장을 억양, 강세를 고려하여 큰소리로 읽습니다.

- 🎧 IM1_17 • When I was young, I used to **listen to hip-hop**, but now I usually **listen to K-pop**.
- 🎧 IM1_18 • However, **the place** is always packed with lots of **people**.
- 🎧 IM1_19 • First of all, **people work out** in order to get in shape.
- 🎧 IM1_20 • When I go there, I just **sit down** and **relax**.
- 🎧 IM1_21 • Before the concert, I **eat out at a restaurant** and after the **concert**, I **grab a beer** with my friends.

2단계 : 딕테이션

문장을 들은 후, 밑줄 친 부분을 적습니다.

- When I was young, I used to _____, but now I usually _____.
- However, _____ is always packed with lots of _____.
- First of all, _____ in order to get in shape.
- When I go there, I just _____ and _____.
- Before the concert, I _____ and after the _____, I _____ with my friends.

3단계 : 문장 끊어 읽기

문장을 들은 후, 청크 단위로 끊어 읽어 봅니다.

- When I was young, / I used to **listen to hip-hop**, / but now / I usually **listen to K-pop**.
- However, / **the place** is always / packed with lots of **people**.
- First of all, / **people work out** / in order to get in shape.
- When I go there, / I just **sit down** and / **relax**.
- Before the concert, / I **eat out at a restaurant** and / after the **concert**, / I **grab a beer** with / my friends.

암기문장 쉐도잉

세부묘사 문장의 쉐도잉 연습을 하세요.

🎧 MP3 IM1_17~21

4단계 : 전체 문장 읽기

문장을 들은 후, 3단계를 여러 번 반복한 후, 전체 문장을 한숨에 읽어 봅니다.

- When I was young, I used to <u>listen to hip-hop</u>, but now I usually <u>listen to K-pop</u>.
- However, <u>the place</u> is always packed with lots of <u>people</u>.
- First of all, <u>people work out</u> in order to get in shape.
- When I go there, I just <u>sit down</u> and <u>relax</u>.
- Before the concert, I <u>eat out at a restaurant</u> and after the <u>concert</u>, I <u>grab a beer</u> with my friends.

5단계 : 반복 학습

위 단계를 반복하여, 영어의 어순으로 된 한글 해석을 보며, 쉐도잉 연습을 합니다.

- 내가 어렸을 땐, 난 하곤 했어 <u>힙합을 듣는 것</u>을, 하지만 지금은 난 주로 <u>들어 K-pop</u>을.
- 어쨌든, <u>그곳은</u> 항상 붐벼 많은 <u>사람들</u>로.
- 첫 번째로, <u>사람들</u>은 <u>운동을 해</u> 몸매를 가꾸기 위해서.
- 그곳에 가면, 난 그냥 <u>앉아서 쉬어</u>.
- 콘서트 전에는, 난 <u>레스토랑에 가서 밥을 먹어</u>, 그리고 <u>콘서트</u> 후에는, <u>맥주를 마셔</u> 친구들과 함께.

10강   유형 02 (세부묘사)

리스닝 훈련

세부묘사 질문 리스트

세부묘사

세부묘사 질문 리스트

진짜녀석들 OPIc에서 제공하는 다양한 세부묘사 질문들의 MP3를 듣고 키워드 캐치를 훈련하세요.

🎧 **MP3 IM1_Q_16~23**

하는 일	When do you usually go to the beach and who do you go there with? **What kind of activities** do you do at the beach? Please tell me what you usually do when you go to the beach in as much detail as possible.
루틴	Now, I would like to ask you about the things that you do at home. What are **some daily routines** you engage in? Give me all the details.
전과 후	Tell me about the typical day when you go to a concert. What do you do **before and after** the concert?
변화	Think about the time you firstly moved into your house. How has your house **changed** since then?
비교	Please **compare** the music that you listened when you were young and the music you listen to today. Also, how did you first get interested in music? Please tell me all the details.
준비	What do you normally pack when you **prepare** for trips? For example, do you pack a battery charger? Please tell me everything you pack before your trips.
단계 및 방법	Please tell me all **the steps** when you recycle. Where do you take out the trash? How often do you recycle a month? Please give me all the details.
계기	What made you visit parks in the first place? What was **the main reason** you decided to go there? Were there any interesting events going on? Please give me all the details.

세부묘사

진짜녀석들 OPIc에서 제공하는 다양한 세부묘사 질문들의 MP3를 듣고 키워드 캐치를 훈련하세요.

서베이 / 해변

🎧 MP3 IM1_Q_16

해변에서 하는 활동들

When do you usually go to the beach and who do you go there with? What kind of activities do you do at the beach? Please tell me what you usually do when you go to the beach in as much detail as possible.

/ KEYWORD

서베이 / 집

🎧 MP3 IM1_Q_17

집안에서 하는 일과들

Now, I would like to ask you about the things that you do at home. What are some daily routines you engage in? Give me all the details.

/ KEYWORD

서베이 / 콘서트

🎧 MP3 IM1_Q_18

콘서트 보러가서 하는 전과 후의 행동

Tell me about the typical day when you go to a concert. What do you do before and after the concert?

/ KEYWORD

서베이 / 집

🎧 MP3 IM1_Q_19

이사오기 전과 후의 집 변화

Think about the time you firstly moved into your house. How has your house changed since then?

/ KEYWORD

서베이 / 음악

🎧 MP3 IM1_Q_20

좋아하던 음악의 비교 및 흥미를 갖게 된 이유

Please compare the music that you listened when you were young and the music you listen to today. Also, how did you first get interested in music? Please tell me all the details.

/ KEYWORD

세부묘사

진짜녀석들 OPIc에서 제공하는 다양한 세부묘사 질문들의 MP3를 듣고 키워드 캐치를 훈련하세요.

🎧 MP3 IM1_Q_21

서베이 / 여행
(국내, 해외)

여행 가기 전에 하는 준비

What do you normally pack when you prepare for trips? For example, do you pack a battery charger? Please tell me everything you pack before your trips.

/ KEYWORD

🎧 MP3 IM1_Q_22

돌발 / 재활용

재활용 하는 단계

Please tell me all the steps when you recycle. Where do you take out the trash? How often do you recycle a month? Please give me all the details.

/ KEYWORD

🎧 MP3 IM1_Q_23

서베이 / 공원

처음으로 공원에 가게 된 계기

What made you visit parks in the first place? What was the main reason you decided to go there? Were there any interesting events going on? Please give me all the details.

/ KEYWORD

11강

유형 02 (세부묘사)

스크립트 훈련

3번

6번

세부묘사 해변에서 하는 활동들

Q16

🎧 MP3 IM1_Q_16

When do you usually go to the beach and who do you go there with? What kind of activities do you do at the beach? Please tell me what you usually do when you go to the beach in as much detail as possible.

당신은 해변에 언제 주로 가며 누구와 가시나요? 해변에서 어떤 활동을 하시나요? 당신이 해변에 가서 어떤 활동을 하는지 상세히 설명해주세요.

🎧 MP3 IM1_A_16

서론
시작문장/10%

- Well, *activities at the beach?* You know, I got a lot to tell you Eva.

본론
단락별 핵심문장/80%

- **Actually,** I go to the beach in summer with my friend.
  - You know, one of my friends is a surfer so I go to the beach with him.

- **First of all,** when I go there, I just sit down and relax.
  - Because, the beach is incredibly beautiful and peaceful.

- **Also,** I sometimes run with my friend.
  - Because there is a huge running track.
  - I mean, I enjoy working out since I can release stress.

결론
마무리문장/10%

- Um, yeah, this is about *activities* I do at the *beach.*

- 음, 해변에서의 활동? 있잖아, 할 말이 엄청 많아 에바야.

- 사실, 난 해변을 여름에 친구와 가.
  - 있잖아, 내 친구 중 한 명이 서퍼거든. 그래서 난 그와 함께 해변을 가.

- 첫 번째로, 그곳에 가면 난 그냥 앉아서 쉬어.
  - 왜냐하면 해변은 숨 막힐 정도로 아름답고 평화롭거든.

- 또한, 난 가끔 친구와 뛰어.
  - 왜냐하면 그곳에는 큰 러닝 트랙이 있거든.
  - 내 말은, 난 스트레스 풀 수 있기 때문에 운동하는 것을 즐겨.

- 음, 그래~ 이게 내가 **해변에 가서 하는 활동들**이야.

어휘 및 표현

activities at the beach 해변에서의 활동들 in summer 여름에 a surfer 서퍼(파도 타는 사람) activities I do at the beach 내가 해변에서 하는 활동들

진짜녀석들 OPIc IM1

세부묘사 집안에서 하는 일과들

Q17

🎧 MP3 IM1_Q_17

Now, I would like to ask you about the things that you do at home. What are **some daily routines** you engage in? Give me all the details.

자, 당신에게 집에서 무엇을 하는지 묻고 싶습니다. 집에서 하는 일과가 어떻게 되나요? 상세히 설명해주세요.

🎧 MP3 IM1_A_17

서론
시작문장/10%

- Okay Eva, *some daily routines at home?* Sure, I'm gonna tell you about it.

본론
단락별 핵심문장/80%

- As I mentioned before, I live in a 3-story house.
  - You know, on the first floor, there are three bedrooms and the living room.
  - I clean the bedrooms and the living room.

- Also, on the second floor, there is a kitchen.
  - As you can expect, I wash the dishes there.

- Lastly, on the top floor, there is a garden in my house.
  - After all the house chores, I have some coffee there.

결론
마무리문장/10%

- Um, yeah, this is about *some daily routines at home.*

- 오케이 에바, **집안에서 하는 일과?** 좋아, 말해 줄게.

- 내가 전에 언급했듯, 난 3층 집에 살아.
  - 있잖아, 1층에는 3개의 방들과 거실이 있어.
  - 난 방들과 거실을 청소해.

- 게다가, 2층에는, 부엌이 있어.
  - 네가 예상하듯, 난 그곳에서 설거지를 해.

- 마지막으로, 우리 집의 마지막 층에는 정원이 있어.
  - 모든 집안일을 마친 후에 난 그곳에서 커피를 마셔.

- 음, 그래~ 이게 내가 하는 **집안 일과야.**

어휘 및 표현

some daily routines at home 집안 일과   **as I mentioned before** 내가 언급했듯   **3-story house** 3층 집   **as you can expect** 네가 예상하듯   **wash the dishes** 설거지하다   **house chores** 집안 일

세부묘사 — 콘서트 보러 가서 하는 전과 후의 행동

Q18

Tell me about the typical day when you go to concerts. What do you do **before** and **after** the concert?

당신이 콘서트를 보러 가는 일반적인 날을 말해주세요. 콘서트를 보기 전과 후에 무엇을 하나요?

서론 시작문장/10%

- Well, *before and after the concert?* You know, I got a lot to tell you Eva.

본론 단락별 핵심문장/80%

- Frankly speaking, I enjoy going to the concert since I can release stress.
  - And I go to the concert with my friend.
  - Because one of my friends is an energetic person.

- Before the concert, I eat out at a restaurant.
  - You know, I go to a Korean restaurant because the food is so good.

- After the concert, I grab a beer with my friends.
  - However, the place is always packed with lots of people.

결론 마무리문장/10%

- Alright Eva, this is all I can say about **what I do before and after the concert.** Thank you.

- 음, **콘서트 전과 후?** 있잖아, 할 말이 많아 에바야.

- 솔직히 말해서, 난 콘서트 가는 것을 좋아해. 스트레스를 풀 수 있거든.
  - 그리고 난 내 친구와 콘서트를 가.
  - 왜냐하면 내 친구 중 한 명은 에너지가 넘치는 친구거든.

- 콘서트 전에는, 난 레스토랑에서 밥을 먹어.
  - 있잖아, 난 한국 레스토랑을 가. 왜냐하면 음식이 너무 맛있거든.

- 콘서트 후에는, 난 친구들과 맥주를 마셔.
  - 하지만 맥주집은 항상 사람들로 붐벼.

- 알겠어 에바, 이게 내가 **콘서트를 보러 가기 전과 후의 행동**이야. 고마워.

어휘 및 표현

enjoy going to the concert 콘서트 보러 가는 것을 즐기다   an energetic person 에너지 넘치는 사람   eat out 외식하다   so good 너무 맛있다
grab a beer 맥주를 마시다   however 하지만

세부묘사 이사 오기 전과 후의 집 변화

Q19

Think about the time you firstly moved into your house. How has your house **changed** since then?

당신이 지금 집에 이사 왔던 시절을 생각해보세요. 이사 왔던 시절과 현재를 비교하여 당신의 집은 어떻게 변했나요?

서론 시작문장/10%

- Okay Eva, *changes*? Sure, I'm gonna tell you about it.

본론 단락별 핵심문장/80%

- As I mentioned before, I moved into a 3-story house.
  - You know, on the first floor, there were three bedrooms and a living room.

- But now, there is a garden on the top floor.
  - You know, the garden is surrounded by beautiful flowers.
  - When I go there, I just sit down and relax.

결론 마무리문장/10%

- Well, okay Eva, this is pretty much about it.

- 오케이 에바, **변화?** 좋아, 말해 줄게.

- 내가 언급했듯, 난 3층 집으로 이사 왔어.
  - 있잖아, 1층에는 3개의 방과 거실이 있었어.

- 하지만 지금은, 마지막 층에 정원이 있어.
  - 있잖아, 정원은 아름다운 꽃들로 둘러싸여져 있어.
  - 그곳에 갈 때면, 난 그냥 앉아서 쉬어.

- 음, 오케이 에바, 이 정도면 충분한 거 같아.

어휘 및 표현

moved into ~ ~로 이사 왔다   3-story house 3층 집

세부묘사 좋아하던 음악의 비교 및 흥미를 갖게 된 이유

Q20

Please **compare** the music that you listened when you were young and the music you listen to today. Also, how did you first get interested in music? Please tell me all the details.

당신이 어렸을 적 들었던 음악과 지금 듣는 음악을 비교해주세요. 또한, 어떤 계기로 음악에 흥미를 느끼게 되었나요? 상세히 설명해주세요.

서론 시작문장/10%

- Oh yeah, *compare the music*? You know, I love hip-hop.

본론 단락별 핵심문장/80%

- When I was young, I used to listen to hip-hop.
  - Also, I used to listen to K-pop because it was very popular.

- But now, I like all kinds of music.
  - Frankly speaking, I enjoy listening to rock music since I can release stress.

- You know, one of my friends is an outgoing person and he is a musician.
  - So I got interested in music.

결론 마무리문장/10%

- Well, okay Eva, this is pretty much about it.

- 오, **음악 비교?** 있잖아, 난 힙합을 좋아해.

- 내가 어렸을 때, 난 힙합을 듣곤 했어.
  - 또한 난 K-pop을 들었어. 왜냐하면 엄청 유명했거든.

- 하지만 지금은, 모든 종류의 음악을 들어.
  - 솔직히 말해서, 난 락 음악 듣는 것을 좋아해. 왜냐하면 스트레스를 풀 수 있거든.

- 있잖아, 내 친구 중 한 명은 활발한 친구고 뮤지션이야.
  - 그래서 난 음악에 흥미를 갖게 되었어.

- 음, 오케이 에바, 이 정도면 충분한 거 같아.

어휘 및 표현

compare the music 음악을 비교하다   rock music 락 음악   musician 뮤지션   got interested in music 음악에 흥미를 갖다

진짜녀석들 OPIc IM1

세부묘사 여행 가기 전에 하는 준비

Q21

What do you normally pack when you **prepare** for trips? For example, do you pack a battery charger? Please tell me everything you pack before your trips.

당신은 여행 준비를 할 때, 어떤 짐들을 준비하시나요? 예를 들어, 베터리 충전기를 준비하시나요? 여행 가기 전에 준비하시는 모든 짐들에 대해서 상세히 설명해주세요.

서론 시작문장/10%

- Well, *things when I prepare for trips?* You know, I got a lot to tell you Eva.

본론 단락별 핵심문장/80%

- **First** of all, I always prepare my MP3 player.
  - Because I enjoy listening to music and I like all kinds of music.

- **Secondly,** I bring my running shoes.
  - Because I enjoy working out every morning.

- **Lastly,** I bring my books.
  - When I go on a trip, I just relax and read books.

결론 마무리문장/10%

- Um, yeah, this is about *things when I prepare for trip.*

- 음, **여행을 위해 준비하는 것들**? 있잖아, 해줄 말이 많이 있어 에바야.

- 첫 번째로, 난 항상 MP3 플레이어를 가지고 가.
  - 왜냐하면 난 음악 듣는 것을 즐겨. 그리고 난 모든 종류의 음악을 좋아해.

- 두 번째로, 난 러닝화를 가지고 가.
  - 왜냐하면 난 매일 아침에 운동하는 것을 좋아하거든.

- 마지막으로, 난 내 책들을 가지고 가.
  - 여행을 갈 때, 난 그냥 쉬면서 책을 읽거든.

- 음, 그래, 이것들이 내가 **여행을 위해 준비하는 것들**이야.

어휘 및 표현

prepare for trips 여행을 위해 준비하다   running shoes 러닝화   every morning 매일 아침

세부묘사 재활용 하는 단계

Q22

Please tell me all **the steps** when you recycle. Where do you take out the trash? How often do you recycle a month? Please give me all the details.

당신이 재활용 하는 단계에 대해 말해주세요. 쓰레기는 어디에 버리죠? 한 달에 얼마나 자주 재활용을 하시나요? 상세히 설명해주세요.

서론 시작문장/10%

- Okay Eva, <u>recycling steps?</u> Sure, I'm gonna tell you about my <u>recycling</u> steps.

본론 단락별 핵심문장/80%

- **Actually,** I recycle <u>3</u> times a month.
  - As I mentioned <u>before</u>, there is a <u>recycling</u> center in my <u>neighborhood</u>.

- <u>First</u> of all, I recycle <u>plastic</u> and metal.

- <u>Secondly,</u> I recycle <u>paper</u> and so on.
  - You know, recycling trash is <u>very</u> important in Korea.

결론 마무리문장/10%

- Well, <u>okay</u> Eva, this is <u>pretty</u> much about **my** <u>recycling</u> steps.

- 오케이 에바, **재활용 단계?** 좋아, 나의 재활용 방법에 대해 말해 줄게.

- 사실, 난 한 달에 3번 재활용을 해.
  - 내가 언급했듯, 우리 동네에 재활용 센터가 있어.

- 첫 번째로, 난 플라스틱과 금속을 재활용해.

- 두 번째로, 난 종이 등등을 재활용해.
  - 있잖아, 한국에서 재활용은 굉장히 중요해.

- 음, 오케이 에바, 이 정도가 나의 **재활용 단계**로 충분한 것 같아.

어휘 및 표현

recycling steps 재활용 방법 3 times a month 한 달에 3번 as I mentioned before 내가 언급했듯 recycling center 재활용 센터
my neighborhood 우리 동네 I recycle ~ ~을 재활용한다

세부묘사 처음으로 공원에 가게 된 계기

Q23

What made you visit parks in the first place? What was **the main reason** you decided to go there? Were there any interesting events going on? Please give me all the details.

당신이 처음으로 공원을 방문한 이유가 무엇인가요? 그 곳을 가게 된 가장 큰 이유는 무엇인가요? 흥미로운 일이 발생한 적이 있었나요? 상세히 설명해주세요.

서론 시작문장/10%

- Oh yeah, *the main reason?*

본론 단락별 핵심문장/80%

- <u>Firstly</u>, the park was such a <u>romantic</u> spot, so it was popular for <u>couples</u>.
  - I mean, the park was <u>incredibly</u> beautiful.

- <u>Also</u>, there was a <u>huge</u> basketball court.
  - <u>Yep</u>, that was <u>another</u> reason.
  - You know, I <u>enjoyed</u> playing basketball.

- <u>Lastly</u>, I could read a <u>book</u> in the park.
  - When <u>I</u> went there, I just <u>sat</u> down and <u>read</u> a book.

결론 마무리문장/10%

- <u>Alright</u> Eva, this is <u>all</u> I can say. Thank you.

- 오 그래, **가장 큰 이유?**

- 첫 번째로, 공원은 엄청 로맨틱한 곳이었어. 그래서 공원은 커플들에게 유명했지.
  - 내 말은, 공원은 숨 막힐 정도로 아름다웠어.

- 또한, 그곳에는 엄청 큰 농구 코트가 있었어.
  - 맞아, 그게 또 하나의 이유였지.
  - 있잖아, 난 농구하는 것을 좋아했어.

- 마지막으로, 난 공원에서 책을 읽을 수 있었어.
  - 내가 그곳에 갈 때면, 난 그냥 앉아서 책을 읽었어.

- 알겠어 에바, 이 정도야. 고마워.

어휘 및 표현

the main reason 가장 큰 이유   another reason 또 하나의 이유   romantic spot 로맨틱한 장소

12강

유형 01 (묘사)
유형 02 (세부묘사)

모의고사

2번

3번

5번

6번

8번

14번

묘사 모의고사 준비

난이도 3 설정 시, 묘사 및 세부묘사 질문은 총 6문제(2, 3, 5, 6, 8, 14번)가 출제됩니다.

	2 5 8 14
유형	묘사
주제	알 수 없음
준비시간	20초
사용문장	묘사, 세부묘사
집중내용	문장 문제 키워드 캐치 답변 Format 정리

	3 6
유형	세부묘사
주제	알고 있음
준비시간	20초
사용문장	묘사, 세부묘사
집중내용	문장 문제 키워드 캐치 답변 Format 정리

묘사 모의고사

실제 시험처럼 각 문제의 MP3를 듣고, 훈련을 해보세요.

2번
묘사 모의고사

Q24
🎧 MP3 IM1_Q_24

You indicated in the survey that you are living alone. I would like to talk about where you live. Describe your **house** to me. What does it look like? Where is it located? Tell me about the place in detail.

3번
묘사 모의고사

Q25
🎧 MP3 IM1_Q_25

I would like to know things that you do at home. What are **some daily routines** you engage in? What kind of activities do you also do at home? Please give me all the details.

5번
묘사 모의고사

Q26
🎧 MP3 IM1_Q_26

Please tell me **the biggest holiday** in your country. What is the name of that holiday? Where do people usually spend during that holiday? Please tell me about that holiday in as much detail as possible.

6번
묘사 모의고사

Q27
🎧 MP3 IM1_Q_27

Now, I want to know how people in your country celebrate that holiday. What are **some activities** people do during that holiday? Please give me all the details.

8번
묘사 모의고사

Q28
🎧 MP3 IM1_Q_28

You indicated in the survey that you go on **trips domestically**. I would like you to describe one of the cities you like to visit the most. Describe the place in detail.

14번
묘사 모의고사

Q29
🎧 MP3 IM1_Q_29

You indicated in the survey that you **like to jog**. Where do you usually go for a run? What does the place look like? Please describe the place in detail.

묘사 모의고사(2번) 살고 있는 집 묘사

Q24

You indicated in the survey that you are living alone. I would like to talk about where you live. Describe your **house** to me. What does it look like? Where is it located? Tell me about the place in detail.

당신은 혼자 산다고 했습니다. 당신이 어디에 사는지 알고 싶습니다. 당신의 집을 묘사해주세요. 어떻게 생겼나요? 어디에 있나요? 상세히 설명해주세요.

서론 시작문장/10%

- Okay Eva, my <u>house</u>? Sure, I'm gonna tell you about my house.

본론 단락별 핵심문장/80%

- As I mentioned before, I live in a <u>3</u>-story house.
  - Also, there is a <u>huge</u> running track and a <u>basketball</u> court in my garden.

- <u>Firstly</u>, on the first floor, there are more than <u>5</u> bedrooms and a <u>living</u> room.
  - You know, I enjoy listening to <u>music</u> in the living room.

- <u>Moreover</u>, on the second floor, there is a kitchen and a <u>game</u> room.
  - <u>Actually</u>, I love the <u>game</u> room since I can <u>release</u> stress.

결론 마무리문장/10%

- Um, <u>yeah</u>, this is about my <u>house</u>.

- 오케이 에바, **우리 집?** 좋아, 우리 집에 대해 말해줄게.

- 내가 전에 언급했듯, 난 3층 집에 살고 있어.
  - 또한, 우리 집 정원에는 엄청 큰 러닝 트랙과 농구 코트가 있어.

- 첫 번째로, 1층에는, 5개가 넘는 침실과 거실이 있어.
  - 있잖아, 난 거실에서 음악 듣는 것을 즐겨.

- 게다가, 2층에는 부엌과 게임 방이 있어.
  - 사실, 난 게임 방을 좋아해. 왜냐하면 스트레스를 풀 수 있거든.

- 음, 그래~ 이게 **우리 집**이야.

어휘 및 표현

3-story house 3층 집   more than 5 bedrooms 5개가 넘는 침실   a game room 게임 방

진짜녀석들 OPIc IM1

묘사 모의고사(3번) 집에서 하는 활동 및 일과

Q25 🎧 MP3 IM1_Q_25

I would like to know things that you do at home. What are **some daily routines** you engage in? What kind of activities do you also do at home? Please give me all the details.

당신이 집에서 하는 일에 대해 알고 싶습니다. 집에서의 하루 일과는 어떻게 되시나요? 집에서 어떠한 활동을 추가로 하시나요? 상세히 설명해주세요.

🎧 MP3 IM1_A_25

서론 시작문장/10%

- Well, *daily routines at home*? You know, I got a lot to tell you Eva.

본론 단락별 핵심문장/80%

- First of all, I work out in the morning.
  - Like I told you, on the second floor, there is a gym. So I work out there in the morning.

- And then, I wash the dishes and do the laundry.

- When it's done, I enjoy listening to music in the living room.
  - When I'm in the living room, I just sit down and listen to music.

결론 마무리문장/10%

- Alright Eva, this is all I can say about my daily routines at home. Thank you.

- 음, **집에서의 일과**? 있잖아, 할 말이 많이 있어 에바야.

- 첫 번째로, 난 아침에 운동을 해.
  - 내가 얘기했듯, 2층에는 헬스장이 있어. 그래서 난 아침에 운동을 해.

- 그리고 나선, 설거지를 하고 빨래를 해.

- 끝나면, 난 거실에서 음악 듣는 것을 즐겨.
  - 거실에 있을 땐, 난 그냥 앉아서 음악을 들어.

- 알겠어 에바, 이게 **나의 집안 일과**야. 고마워.

어휘 및 표현

daily routines at home 집안 일과　　work out in the morning 아침에 운동하다　　like I told you 내가 얘기했듯　　wash the dishes 설거지하다
do the laundry 빨래하다　　when it's done 끝나면~

묘사 모의고사(5번) 우리나라의 명절 묘사

Q26

🎧 MP3 IM1_Q_26

Please tell me **the biggest holiday** in your country. What is the name of that holiday? Where do people usually spend during that holiday? Please tell me about that holiday in as much detail as possible.

당신 나라의 가장 큰 명절에 대해 말해주세요. 그 명절의 이름은 무엇인가요? 사람들은 그 명절을 어디서 지내나요? 명절에 대해서 보다 더 자세하게 설명해주세요.

🎧 MP3 IM1_A_26

서론 시작문장/10%

- Oh yeah, *the biggest holiday?* You know, it's Christmas.

본론 단락별 핵심문장/80%

- Well, in Korea, people go to the beach on Christmas.
  - Because the beach is incredibly beautiful and peaceful.

- Also, people enjoy working out at the beach.
  - And after the workout, people usually grab a beer with their friends.

- However, the beach is always packed with lots of people.

결론 마무리문장/10%

- Um, yeah, this is about *the biggest holiday in Korea.*

- 오~ 가장 큰 명절? 있잖아, 그건 크리스마스야.

- 음, 한국에서는, 사람들은 크리스마스에 해변을 가.
  - 왜냐하면 해변은 숨 막힐 정도로 아름답고 평화롭거든.

- 또한, 사람들은 해변에서 운동하는 것을 즐겨.
  - 그리고, 운동 후에 사람들은 친구들과 종종 맥주를 마시곤 해.

- 하지만 해변은 항상 사람들로 가득 차 있어.

- 음, 그래~ 이게 **한국에서 가장 큰 명절**이야.

어휘 및 표현

the biggest holiday 가장 큰 명절 after the workout 운동 후에 grab a beer 술을 마시다 packed with lots of people 많은 사람들로 가득 차 있다

진짜녀석들 OPIc IM1

묘사 모의고사(6번) 사람들이 명절에 하는 활동

Q27

🎧 MP3 IM1_Q_27

Now, I want to know how people in your country celebrate that holiday. What are **some activities** people do during that holiday? Please give me all the details.

이제 당신 나라 사람들이 그 명절을 어떻게 보내는지 알고 싶습니다. 사람들은 어떠한 활동들을 하나요? 상세하게 설명해주세요.

🎧 MP3 IM1_A_27

서론
시작문장/10%

- Well, <u>activities people do in the holiday?</u> You know, I got a <u>lot</u> to tell you Eva.

본론
단락별 핵심문장/80%

- <u>Frankly</u> speaking, people go to <u>huge</u> shopping malls on <u>Christmas</u>.
  - <u>However,</u> the shopping malls are <u>always</u> packed with lots of people on <u>Christmas</u>.

- You know, on the <u>first</u> floor, there are <u>many</u> restaurants.
  - Well, people <u>usually</u> eat out at a restaurant or <u>grab</u> a beer.

- <u>Also,</u> on the <u>top</u> floor, there are <u>lots</u> of coffee shops.
  - When people go there, they just <u>sit</u> down and relax.

결론
마무리문장/10%

- Well, okay Eva, this is <u>pretty</u> much about it.

- 음, 명절에 사람들이 하는 활동들? 있잖아, 해줄 말이 많아 에바야.
- 솔직히 말해서, 사람들은 크리스마스에 큰 쇼핑몰에 가.
  - 근데 크리스마스의 쇼핑몰은 항상 사람들로 붐벼.
- 있잖아, 1층에는 많은 레스토랑들이 있어.
  - 사람들은 종종 레스토랑에서 밥을 먹거나 맥주를 마셔.
- 또한, 마지막 층에는 많은 커피숍들이 있어.
  - 사람들이 그곳에 갈 때는, 그들은 그냥 앉아서 쉬어.
- 음, 오케이 에바, 이 정도면 충분한 것 같아.

어휘 및 표현
activities people do in that holiday 사람들이 그 명절에 하는 활동들   on Christmas 크리스마스에

묘사 모의고사(8번) 자주가는 국내여행지 묘사

Q28

You indicated in the survey that you go on **trips domestically**. I would like you to describe one of the cities you like to visit the most. Describe the place in detail.

당신은 휴가 때 국내 여행을 간다고 했습니다. 당신이 자주 방문하는 도시를 묘사해주세요. 그 장소에 대해 상세하게 묘사해주세요.

서론 시작문장/10%

- Oh yeah, *domestic trips?* You know, I love BUSAN.

본론 단락별 핵심문장/80%

- In fact, I love traveling.
  - You know, I love beaches in Korea. So I usually go to BUSAN.

- Actually, the beach in BUSAN is incredibly beautiful and peaceful.
  - So, BUSAN is always packed with lots of tourists.

- Also, at the beach, there is a huge volleyball court.
  - And, there are many beautiful coffee shops and restaurants in BUSAN.

결론 마무리문장/10%

- Alright Eva, this is all I can say about BUSAN. Thank you.

- 오, 국내 여행? 있잖아, 난 부산을 좋아해.

- 사실, 난 여행을 좋아해.
  - 있잖아, 난 한국의 해변들을 좋아해. 그래서 난 종종 부산을 가.

- 사실, 부산의 해변은 숨 막힐 정도로 아름답고 평화로워.
  - 그래서 부산은 항상 관광객으로 붐벼.

- 또한, 해변에는 큰 발리볼 코트가 있어.
  - 그리고 부산에는 아름다운 커피숍들과 레스토랑이 있어.

- 알겠어 에바, 이 정도가 부산에 대한 얘기야. 고마워.

어휘 및 표현

domestic trip 국내 여행   I love traveling 여행을 좋아한다   tourist 관광객   volleyball court 발리볼 코트

묘사 모의고사(14번) 자주 조깅하는 장소 묘사

Q29

You indicated in the survey that you **like to jog**. Where do you usually go for a run? What does the place look like? Please describe the place in detail.

당신은 조깅을 한다고 했습니다. 주로 어디서 뛰나요? 그 장소는 어떻게 생겼나요? 그 장소에 대해 상세하게 묘사해주세요.

서론 시작문장/10%

- Okay Eva, *jogging?* Sure, I run at the park.

본론 단락별 핵심문장/80%

- In fact, there is a huge running track in the park.
  - So, I enjoy running since I can release stress.
  - And also, I can get on a diet.

- Also, the park is surrounded by beautiful flowers and trees.
  - So after running, I sometimes just sit down and relax at the park.

결론 마무리문장/10%

- Um, yeah, so, I run at the park.

- 오케이 에바, **조깅?** 그래, 난 공원에서 뛰어.

- 사실, 공원에는 엄청 큰 러닝 트랙이 있어.
  - 그래서 난 그곳에서 뛰어. 왜냐하면 스트레스가 풀리거든.
  - 또한 다이어트도 할 수 있고.

- 또한, 공원은 아름다운 꽃들과 나무들로 둘러싸여져 있어.
  - 그래서 뛴 후에, 난 가끔 그냥 앉아서 쉬어.

- 음, 그래, 그래서 난 공원에서 **뛰어**.

어휘 및 표현

jogging 조깅   get on a diet 다이어트를 하다   after running 뛰고 난 후   I run at the park 난 공원에서 뛴다

13강

유형 03 (경험)

이론

경험의 이해

경험의 종류

경험의 답변 Format

경험의 암기문장

경험 답변 준비

경험 질문 파악 전략

경험 답변 전략

경험의 이해

OPIc 질문들 중 과거시제를 필히 사용해야 하는 경험 질문입니다.
난이도에 따라 경험 질문의 개수가 달라집니다.
각 콤보 문제에서 적게는 1문제, 많게는 2문제가 출제됩니다.
경험은 흔히 최초 경험, 최근 경험, 인상 깊었던 경험, 문제 해결 경험으로 나뉩니다.

경험이 나오는 질문 번호를 외우세요!

경험이 나오는 질문 번호를 외우세요!
IM1 등급 목표 시, 난이도 3으로 설정하시면, 경험은 총 5문제 출제!

경험의 종류

Background Survey에서 선택한 모든 주제 & 모든 출제 가능한 돌발 주제의 경험을 모두 암기하는 것은 불가능합니다. 따라서 진짜녀석들 OPIc은 3가지 경험 종류로 분류합니다.

개방 공간 경험	➡	밖에서 일어난 경험
독립 공간 경험	➡	안에서 일어난 경험
문제 해결 경험	➡	문제 발생 및 해결점 제시하는 경험

 이미 문제 유형을 알기에, 문제를 듣기 전, 3가지 경험 종류 중 택일!

경험의 답변 Format

경험은 매끄러운 '스토리텔링' 이 필요하므로 체계적인 답변 Format이 필요합니다.
진짜녀석들 OPIc의 '스토리텔링'은 했던 일 – 반전 – 결과의 순서로 되어 있습니다.
했던 일은 묘사에서 암기한 문장을 시제를 바꾸어 작성합니다.
(IM1 목표의 OPIc 공부는 너무 많은 양의 경험 문장을 암기할 필요가 없기 때문입니다.)

서론 Introduction (답변비중 10%)

시작 문장
- 경험 주제의 키워드를 필히 포함하여 자신감 있게 한 줄!
- 면접관에게 답변을 시작한단 느낌을 전달!

본론 Body (답변비중 80%)

- **했던 일(40%)** • 6하원칙을 사용하여 스토리 전개 생성 (묘사 암기 문장 활용)
- **반전(20%)** • 진짜녀석들 OPIc 경험 암기문장 활용 (본인 실력 문장 포함)
- **결과(20%)** • 진짜녀석들 OPIc 경험 암기문장 활용 (본인 실력 문장 포함)

결론 Conclusion (답변비중 10%)

마무리 문장
- 경험 주제의 키워드를 필히 포함하여 깔끔하게 한 줄!
- 면접관에게 답변을 끝낸다는 느낌을 전달!

경험의 암기문장 – 서론 & 결론
정확한 경험의 답변을 위하여 서론과 결론에 필요한 암기문장을 제공합니다.

서론 - 시작문장

- 오케이 에바, **여행 관련** 경험? 알겠어, **하와이 여행**에 대해서 얘기해 줄게.
  Okay Eva, experience about **my trip**? Sure, I'm gonna tell you about **my trip to Hawaii**.

- 좋아, **내 공원 경험**? 알겠어.
  Great, you mean **my park experience**? Sure, I got it.

- 물론이지, **내 첫 번째 콘서트** 경험을 말해 줄게.
  Why not? Let me tell you **my first concert** experience.

결론 - 마무리문장

- 음 그래, 여기까지가 내가 기억하는 부분이야 에바. 고마워.
  Um yeah, this is all I remember Eva. Thank you.

- 오케이 에바, 이게 **내 공원의 경험**이야.
  Okay Eva, this is **my park experience**.

- 알겠어 에바, 내 생각에 이 정도면 될 것 같아.
  Alright Eva, I guess this is pretty much about it.

경험의 암기문장 - 본론(단락 별 핵심 암기 문장)

정확한 경험의 답변을 위하여 본론에 필요한 암기문장을 제공합니다.

본론 - 단락 별 핵심 문장 🎧 MP3 IM1_28~29

개방공간 경험 1 – 비가 온 경험

반전
- **20분 후,** 비가 엄청 왔어 그리고 난 다 젖었어.
  After **20 minutes,** it rained so hard and I got soaked.

결과
- 어떻게 됐냐고? 난 그냥 **집에 왔어**. 내 말은, 난 좀 **짜증이 났어**.
  Guess what, I just decided to **go home**. I mean, I was so **upset**.

🎧 MP3 IM1_30~31

개방공간 경험 2 – 신나게 논 경험

반전
- 그거 알아? 우린 정말 미친 듯 놀았어. 내 말은, 우린 **춤을 추고 노래를 불렀어**.
  You know what, we went crazy. I mean, we **danced** and **sang**.

결과
- 그리고, 우린 **맥주를 마셨어** 내일이 없는 것처럼.
  And also, we **drank beers** like there was no tomorrow.

🎧 MP3 IM1_32~33

독립공간 경험 1 – 지갑을 잃어버린 경험

반전
- 근데 무슨 일이 일어났는지 알아? 오마이갓! 난 알아차렸어 **지갑**을 잃어버린걸.
  But you know what happened? Oh my god! I found out that I lost my **wallet**.

결과
- 한 2시간 후 즈음, 난 **지갑**을 찾았어 **내 차 안**에서. 맞아, 난 정말 운이 좋았어.
  After like 2 hours, I found **my wallet in my car**. Yeah, I was super lucky.

🎧 MP3 IM1_34~35

독립공간 경험 2 – 술을 많이 마셔 병원에 간 경험

반전
- 한 3시간 후 즈음? 난 너무 **취했어**! 그리고 난 쓰러졌어.
  After like 3 hours? I got so **drunk**! And I passed out.

결과
- 음, 알잖아, 난 **병원**에 가게 되었어. 하지만 즐거웠어.
  Well, you know, I ended up **in the hospital**. But it was fun.

🎧 MP3 IM1_36~37

문제 해결 경험 1 – 고장이 나 수리한 경험

반전
- 있잖아, 나도 잘 모르겠는데, 갑자기 내 **핸드폰**이 작동을 하지 않았어.
  You know, I don't know why but, suddenly my **phone** stopped working.

결과
- 그래서, 난 갔어 **서비스 센터** 그리고 **고쳤어**! 있잖아, 난 지불했어 **30불**을.
  So, I went to **a service center** and **fixed** it. You know, I paid like **$30**.

📢 암기문장 중, 밑줄 표시가 되어있는 부분은 주제별, 상황별로 학습자가 자유롭게 변형가능한 부분입니다.

경험 답변 준비 – 시험화면

난이도 3 설정 시, 경험이 나오는 번호를 실제 시험화면으로 익숙해져야 합니다.

난이도 3 설정 시, 경험 질문은 총 5문제(4, 7, 9, 10, 13번)가 출제됩니다.

1. 이미 유형을 알고 있기에 'Play' 버튼 클릭 전, 사용할 경험의 종류를 결정합니다.
2. 본론(했던 일 – 반전 – 결과)을 매끄러운 스토리텔링으로 답변 Format을 준비합니다.
3. 'Play' 버튼 클릭 후, 첫 번째 문제에서 경험 질문의 키워드를 집중해서 듣습니다.
4. 'Replay' 버튼 클릭 후, 두 번째 문제는 듣지 않고 답변 Format을 다시 준비합니다.
5. 오른쪽 상단의 'Recording' 버튼 생성 시, '경험 답변 Format' 대로 답변합니다.

 문제를 집중하여 듣고, 필히 과거시제를 사용하여 매끄러운 스토리텔링으로 답변!

경험 질문 파악 전략 - 예시

질문 듣기 전, 이미 유형을 알기에 매끄러운 '스토리텔링' 답변 Format 만들기에 집중 하셔야 합니다.

예시 질문 - 콘서트, 여행, 명절

- Tell me about the first concert you went to. **When** and **where** was the concert held? **Who** did you go with? **How** was the concert? Please tell me all the details.
  ① 했던 일(when, where, who) : 진짜녀석들 OPIc 묘사 문장을 과거 시제로 바꾸어 사용
  ② 반전(how, what) :   진짜녀석들 OPIc 경험 문장 사용
  ③ 결과(how, what) :   진짜녀석들 OPIc 경험 문장 사용

- Do you remember your first trip when you were little? **Where** did you go and **who** did you go with? **What** did you do or see during that trip? Tell me about that experience in as much detail as possible.
  ① 했던 일(where, who) :   진짜녀석들 OPIc 묘사 문장을 과거 시제로 바꾸어 사용
  ② 반전(what) :   진짜녀석들 OPIc 경험 문장 사용
  ③ 결과(what) :   진짜녀석들 OPIc 경험 문장 사용

- I would like to ask you about the recent holiday you spent with your family. **Where** did you go and **what** activities did you do with your family during that holiday? Tell me everything about that holiday.
  ① 했던 일(where) :   진짜녀석들 OPIc 묘사 문장을 과거 시제로 바꾸어 사용
  ② 반전(what) :   진짜녀석들 OPIc 경험 문장 사용
  ③ 결과(what) :   진짜녀석들 OPIc 경험 문장 사용

매끄러운 '스토리텔링' 을 위한 답변 Format 작성을 훈련합니다.

ⓐ **했던 일**
  일반적인 6하 원칙(누가, 언제, 어디서 등)을 배운 진짜녀석들 OPIc 묘사 문장 및 본인 실력 문장을 포함합니다.

ⓑ **반전**
  스릴러 영화의 반전이 아닌, 이야기 전개의 명분을 줄 수 있는 진짜녀석들 OPIc의 '반전' 문장을 사용합니다.

ⓒ **결과**
  매끄러운 마무리를 위해 감정을 섞어 진짜녀석들 OPIc의 '결과' 문장을 사용합니다.

- 진짜녀석들 OPIc 묘사 답변 훈련과 같이 모든 단락에 <u>본인 실력 문장</u>을 필히 포함해 주시기 바랍니다.

경험 답변 전략 – 예시

OPIc은 면접과 흡사한 시험으로 서론, 본론, 결론을 명확하게 지키며 답변합니다.

Q
Please tell me about a special experience you had at a park. **When** was it and **who** were you with? **Why** was it so special? Please tell me all the stories from the beginning to the end.

공원에서 일어난 특별한 경험에 대해 말해주세요. 언제 였고 누구와 갔나요? 무엇이 특별했나요? 경험에 대해 처음부터 끝까지 상세히 말해주세요.

예시 답변 - 공원 경험

서론 시작문장/10%
- Great, you mean my park experience? Sure I got it.

본론 했던 일/40%
- Actually, I went to a Lake park with my friends yesterday.
  - You know, we enjoyed working out at the park.
    - Also, there was a huge running track.
  - So, we ran!

본론 반전/20%
- After 20 minutes, it rained so hard and I got soaked.
  - You know, it was a sunny day!

본론 결과/20%
- Guess what, I just decided to go home. I mean I was so upset.
  - But it was fun.

결론 마무리문장/10%
- Okay Eva, this is my park experience.

경험 답변의 고득점을 향한 스피킹 방법을 훈련합니다.

ⓐ **부사 사용 (녹색 색상 단어 참고)**
단락의 시작은 항상 부사(접속부사, 부사절 등) 및 추임새를 사용하여 간결함과 연결성을 전달해줍니다.
· **Actually,** went to a Lake park with my friends yesterday.

ⓑ **암기 문장 (파란 색상 문장 참고)**
진짜녀석들 OPIc에서 제공하는 핵심 암기 문장을 사용하여 높은 점수를 받을 수 있는 표현들을 사용합니다.
· After 20 minutes, **it rained so hard and I got soaked.**

ⓒ **본인 실력 문장 (빨간 색상 문장 참고)**
핵심 암기 문장의 추가 설명으로 풍부한 답변이 되도록 본인 실력문장을 더해줍니다. (문법적인 오류가 있어도 자신 실력 문장이 추가되어야 실제 본인 답변처럼 들립니다.) 제공하는 핵심 암기문장을 자신의 실력을 추가하여 변형하기도 합니다.
· After 20 minutes, it rained so hard and I got soaked.
  - **You know, it was a sunny day!**

ⓓ **강세 전달 (밑줄 단어 참고)**
영어 말하기에서 강세는 의미를 전달하는 핵심 역할이므로 보다 더 자연스러운 답변을 위하여 강세 전달을 합니다.
- So, we **ran!**

ⓔ **답변 키워드 강조 (기울어진 단어 참고)**
답변의 키워드(ex. park)는 강조하여 읽어줍니다.
· Okay Eva, this is my **park** experience.

14강

유형 03 (경험)

암기문장 활용

Let me ~

This is all I ~

I guess

수동태

to부정사

불규칙동사

접속사 like

감탄사

부사

I got so drunk

I ended up ~

stop + 동명사

경험의 암기문장(서론)   Let me~

경험의 문법을 정확히 배우고 응용해 보세요.

Why not? Let me tell you my first concert experience.

• [Let me] : 내가 ~ 해 볼게

01. 'Let me'는 '내가 무언가를 해보겠다'는 뉘앙스의 표현
02. 'Let me' 다음에는 **동사원형**을 취급
03. 동일한 표현으로는
    a. I will + 동사원형
    b. I'm gonna + 동사원형

사용 방법

Let me + 동사원형

활용 및 응용

• Let me tell you my first concert experience.

• Let me give it a try.

• Let me talk about my favorite café.

MEMO

경험의 암기문장(결론)   This is all I~

경험의 문법을 정확히 배우고 응용해 보세요.

Um yeah, this is all I remember Eva. Thank you.

• [This is all I ~] : 내가 ~ 하는 전부야

01. 'This is all' 다음에는 **주어 + 동사**가 와서 '(주어)가 ~ (동사)하는 전부다'라고 해석
02. 동일한 표현으로는
    a. This is everything 주어 + 동사
    b. That's all 주어 + 동사

사용 방법

This is all 주어 + 동사

This is everything 주어 + 동사

That's all 주어 + 동사

활용 및 응용

- This is all I remember Eva.

- This is everything I can tell you.

- That's all I did.

MEMO

경험의 암기문장(결론) I guess

경험의 문법을 정확히 배우고 응용해 보세요.

Alright Eva, I guess this is pretty much about it.

• [I guess] : ~인 것 같아

01. 'I guess'는 실제 회화에서 정말 많이 쓰이는 표현 중 하나!
02. 보통 '~인 것 같아'라고 해석하지만 크게 의미를 두고 사용하기보단 **추임새**처럼 문장 앞에 나오는 경우가 많음
03. 동일한 표현으로는
    a. I think
    b. I feel like

사용 방법

I guess = I think = I feel like

활용 및 응용

• I guess this is pretty much about it.

• I think this is all I remember.

• I feel like music is the best way to relieve stress.

MEMO

경험의 암기문장(본론) 수동태

경험의 문법을 정확히 배우고 응용해 보세요.

After 20 minutes, it rained so hard, and I got soaked.

• [수동태] got soaked : 홀딱 젖었다

01. 'get + 과거분사'는 수동태로 '~되어지다'로 해석
02. 다른 무언 가에 의해 상태나 동작이 '당해 짐'을 의미
03. 이 경우 'get'의 과거형인 'got'이 와서 과거 수동태로 표현
04. 불규칙 과거분사에 주의하여 사용

사용 방법

get(got) + 과거분사

활용 및 응용

• It rained so hard, and I got soaked.

• My paper got ruined because my friend spilled water.

• We got excited for the trip.

MEMO

경험의 암기문장(본론)   to부정사

경험의 문법을 정확히 배우고 응용해 보세요.

Guess what, I just **decided to go** home. I mean, I was so upset.

• **[to 부정사] decided to ~ : ~ 하기로 결심했다**

01. '**to 부정사**'는 '**to + 동사원형**'의 형태로 문장에서 명사적, 형용사적, 부사적 용법으로 사용
02. 'to 부정사'를 목적어로 사용하는 동사는 '**decide**', '**want**', '**try**' 등
03. 이 경우 to 부정사는 미래지향적 특성을 가지며 '**~하기로**' 라고 해석

사용 방법

decided + to + 동사원형

활용 및 응용

• I just **decided to go** home.

• We **decided to leave** the place.

• She **decided to eat out** for the special day.

MEMO

경험의 암기문장(본론)　불규칙동사

경험의 문법을 정확히 배우고 응용해 보세요.

You know what, we **went** crazy. I mean, we danced and **sang**.

• [불규칙동사] went / sang : 갔다 / 노래했다

01.　**영어의 모든 동사**는 '**시제에 따라 형태가 변함**'
02.　**규칙동사**의 경우 동사형태 뒤에 '**-ed**' / '**-d**' 추가
03.　불규칙동사는 형태 자체가 변화하므로 주의해서 사용
04.　특히 경험은 '**과거시제**'가 중요한 유형인만큼 실수하지 않기!

사용 방법

자주 쓰는 불규칙동사 시제 변화

go – went – gone

sing – sang – sung

do – did – done

활용 및 응용

• We **went** crazy. I mean, we danced and **sang**.

• Last Saturday, I **went** to the park with my sister.

• I **did** my house chores on the weekend.

MEMO

경험의 암기문장(본론)   접속사 Like

경험의 문법을 정확히 배우고 응용해 보세요.

And also, we drank beers like there was no tomorrow.

• **[접속사] like : ~와 같이, ~처럼**

01. **'Like'**는 **'좋아하다'**의 동사외에 **전치사**나 **접속사**로도 사용 가능
02. 이 경우, '**~와 같이**', '**~처럼**'으로 해석
03. **전치사**로 사용할 때는 뒤에 **명사나 동명사**를 취급
04. **접속사**로 사용할 때는 뒤에 **주어+동사를 갖춘 문장**을 취급
05. 문장이나 단어의 구체적인 예시를 들 때 자주 활용

사용 방법

전치사 Like + 명사

접속사 Like + 주어 + 동사

활용 및 응용

• We drank beers like there was no tomorrow.

• I play all kinds of sports like soccer, tennis and golf.

• Like I said, the park is incredibly peaceful.

MEMO

경험의 암기문장(본론)　　감탄사

경험의 문법을 정확히 배우고 응용해 보세요.

But you know what happened? Oh my god! I found out that I lost my wallet.

- **[감탄사] Oh my God! : 맙소사!**

01. 한국어에도 다양한 감탄사가 있듯이 영어도 마찬가지!
02. 감탄사를 적절하게 사용할수록 자연스러운 발화를 보여줌
03. 동일한 표현이어도 억양을 다르게 하여 감정을 다양하게 나타냄
04. 다양한 감탄사
    a. Oh my God! = Oh gosh
    b. Holy crap! = Holy moly
    c. What the heck?

사용 방법

상황에 따른 감정을 담아서 자연스럽게 사용

활용 및 응용

- Oh my god! I found out that I lost my wallet.

- It rained so hard all of a sudden. What the heck?

- Holy moly! I saw Beyoncé at the concert!

MEMO

경험의 암기문장(본론)　부사

경험의 문법을 정확히 배우고 응용해 보세요.

After like 2 hours, I found my wallet in my car. Yeah, I was super lucky.

- **[부사] super : 매우, 굉장히**

01.　부사는 **동사, 형용사, 문장 전체 및 다른 부사를 수식**
02.　'**super**'는 형용사 앞에서 '**매우**', '**굉장히**'라고 해석되어 강조 표현
03.　비슷한 의미로는 'very' 'so' 'really' 'incredibly'등이 자주 사용됨

사용 방법

부사 + 형용사

활용 및 응용

• Yeah, I was super lucky.

• The park is incredibly peaceful and beautiful.

• I am very excited for my trip to Busan.

MEMO

경험의 암기문장(본론) I got so drunk

경험의 문법을 정확히 배우고 응용해 보세요.

After like 3 hours? I got so drunk! And I passed out.

• [I got so drunk] : 나는 완전 취했어

01. '술에 취하다'라는 표현에서는 drink의 과거분사인 '**drunken**'으로 헷갈려서 실수하는 경우가 많음
02. 이 경우 '**drunk**'는 형용사로 '**술에 취한**'의 뜻을 가진 전혀 다른 표현
03. 이 때, '**be동사**'나 '**get**'을 앞에 넣어 문장 형태로 사용
04. 'drunk' 다음에 명사를 넣고 명사를 수식하는 것도 가능

사용 방법

be동사 / get + drunk

활용 및 응용

• I got so drunk! And I passed out.

• Jean was so drunk last night. He had too much Soju!

• I don't drink because I get drunk really easily.

MEMO

경험의 암기문장(본론)   I ended up~

경험의 문법을 정확히 배우고 응용해 보세요.

Well, you know, I ended up in the hospital. But it was fun.

• [I ended up ~] : 나는 결국 ~하게 되었다

01. 영어 표현 중 **어떤 상황의 결과를 말할 때** 자주 사용 하는 구문
02. 'end up' 다음에는 다양한 형태가 오는데, 그 중 '**동명사 (동사 + ing)**' 혹은 '**in+장소**' 형태가 종종 사용됨
03. '**결국 ~하게 되었다**'로 해석되어 예상치 못한 상황이거나 원치 않았던 상황에 처했다는 뉘앙스로 표현

사용 방법

ended up + 동명사 / in + 장소

활용 및 응용

• I ended up in the hospital.

We ended up going back home.

He ended up apologizing to me.

MEMO

경험의 암기문장(본론)　　stop + 동명사

경험의 문법을 정확히 배우고 응용해 보세요.

You know, I don't know why but, suddenly my phone stopped working.

• [stop + 동명사] : ~하는 것을 멈추다

01.　동사 'stop'은 목적어로 '동명사' 'to 부정사' 모두 취급 가능
02.　단, 각각의 경우에 따라 해석이 다르니, 정확한 의도에 맞춰 사용!
03.　**stop + 동명사**: ~하는 것을 멈추다
04.　**stop + to 부정사**: ~하기 위해 멈추다

사용 방법

stop + 동명사 / to부정사

*단, 두 경우 의미가 다르게 해석되니 전달하려는 뜻에 맞춰 사용

활용 및 응용

• Suddenly my phone stopped working.

• I decided to stop going to that restaurant.

• We stopped to get some drinks at the bar.

MEMO

15강 유형 03 (경험)

암기문장 쉐도잉

1단계 : 사전학습

2단계 : 딕테이션

3단계 : 문장 끊어 읽기

4단계 : 전체 문장 읽기

5단계 : 반복 학습

암기문장 쉐도잉

암기문장 쉐도잉은 총 5단계로 나누어져 있습니다.
진짜녀석들 OPIc의 암기문장을 반복듣기 하면서 쉐도잉을 진행합니다.

1단계 사전학습	문장을 들은 후, 주어진 암기문장을 억양, 강세를 고려하여 큰소리로 읽습니다. ex.) Actually, **It** is incredibly **beautiful** and **peaceful**.
2단계 딕테이션	문장을 들은 후, 밑줄 친 부분을 적습니다. ex.) Actually, ___ is incredibly _____ and _____.
3단계 문장 끊어 읽기	문장을 들은 후, 청크 단위로 끊어 읽어 봅니다. ex.) Actually, / **It** is incredibly **beautiful** / and **peaceful**.
4단계 전체 문장 읽기	문장을 들은 후, 3단계를 여러 번 반복한 후, 전체 문장을 한숨에 읽어 봅니다. ex.) Actually, **It** is incredibly **beautiful** and **peaceful**.
5단계 반복학습	위 단계를 반복하여, 영어의 어순으로 된 한글 해석을 보며, 쉐도잉 연습을 합니다. ex.) 사실, <u>그곳은</u> 숨 막히게 <u>아름다워</u> 그리고 <u>평화로워.</u>

암기문장 쉐도잉

경험의 서론(시작문장)의 쉐도잉 연습을 하세요.

🎧 MP3 IM1_22~24

1단계 : 사전학습

문장을 들은 후, 주어진 암기문장을 억양, 강세를 고려하여 큰소리로 읽습니다.

🎧 IM1_22 • Okay Eva, experience about <u>my trip</u>? Sure, I'm gonna tell you about <u>my trip to Hawaii</u>.
🎧 IM1_23 • Great, you mean <u>my park experience</u>? Sure, I got it.
🎧 IM1_24 • Why not? Let me tell you <u>my first concert</u> experience.

2단계 : 딕테이션

문장을 들은 후, 밑줄 친 부분을 적습니다.

• Okay Eva, experience about _____? Sure, I'm gonna tell you about _____.
• Great, you mean _____? Sure, I got it.
• Why not? Let me tell you _____ experience.

3단계 : 문장 끊어 읽기

문장을 들은 후, 청크 단위로 끊어 읽어 봅니다.

• Okay Eva, / experience about <u>my trip</u>? / Sure, I'm gonna tell you about / <u>my trip to Hawaii</u>.
• Great, / you mean / <u>my park experience</u>? / Sure, I got it.
• Why not? / Let me tell you / <u>my first concert</u> experience.

4단계 : 전체 문장 읽기

문장을 들은 후, 3단계를 여러 번 반복한 후, 전체 문장을 한숨에 읽어 봅니다.

• Okay Eva, experience about <u>my trip</u>? Sure, I'm gonna tell you about <u>my trip to Hawaii</u>.
• Great, you mean <u>my park experience</u>? Sure, I got it.
• Why not? Let me tell you <u>my first concert</u> experience.

5단계 : 반복 학습

위 단계를 반복하여, 영어의 어순으로 된 한글 해석을 보며, 쉐도잉 연습을 합니다.

• 오케이 에바, <u>여행 관련</u> 경험? 알겠어, <u>하와이 여행</u>에 대해서 얘기해 줄게.
• 좋아, <u>내 공원 경험</u>? 알겠어.
• 물론이지, <u>내 첫 번째 콘서트</u> 경험을 말해 줄게.

진짜녀석들 OPIc IM1

암기문장 쉐도잉

경험의 결론(마무리문장)의 쉐도잉 연습을 하세요.

🎧 MP3 IM1_25~27

1단계 : 사전학습

문장을 들은 후, 주어진 암기문장을 억양, 강세를 고려하여 큰소리로 읽습니다.

🎧 IM1_25 • **Um yeah,** this is all I remember Eva. Thank you.
🎧 IM1_26 • **Okay Eva,** this is <u>my park experience</u>.
🎧 IM1_27 • **Alright Eva,** I guess this is pretty much about it.

2단계 : 딕테이션

문장을 들은 후, 밑줄 친 부분을 적습니다.

• **Um yeah,** this is all I remember Eva. Thank you.
• **Okay Eva,** this is _____.
• **Alright Eva,** I guess this is pretty much about it.

3단계 : 문장 끊어 읽기

문장을 들은 후, 청크 단위로 끊어 읽어 봅니다.

• **Um yeah,** / this is all I remember Eva. / Thank you.
• **Okay Eva,** / this is <u>my park experience</u>.
• **Alright Eva,** / I guess this is / pretty much about it.

4단계 : 전체 문장 읽기

문장을 들은 후, 3단계를 여러 번 반복한 후, 전체 문장을 한숨에 읽어 봅니다.

• **Um yeah,** this is all I remember Eva. Thank you.
• **Okay Eva,** this is <u>my park experience</u>.
• **Alright Eva,** I guess this is pretty much about it.

5단계 : 반복 학습

위 단계를 반복하여, 영어의 어순으로 된 한글 해석을 보며, 쉐도잉 연습을 합니다.

• **음 그래,** 여기 까지가 내가 기억하는 부분이야 에바. 고마워.
• **오케이 에바,** 이게 <u>내 공원의 경험</u>이야.
• **알겠어 에바,** 내 생각에 이 정도면 될 것 같아.

암기문장 쉐도잉

경험의 본론 문장의 쉐도잉 연습을 하세요.

🎧 MP3 IM1_28~37

1단계 : 사전학습

문장을 들은 후, 주어진 암기문장을 억양, 강세를 고려하여 큰소리로 읽습니다.

- 🎧 IM1_28 • After <u>20 minutes</u>, it rained so hard and I got soaked.
- 🎧 IM1_29 • Guess what, I just decided to <u>go home</u>. I mean, I was so <u>upset</u>.
- 🎧 IM1_30 • You know what, we went crazy. I mean, we <u>danced</u> and <u>sang</u>.
- 🎧 IM1_31 • And also, we <u>drank beers</u> like there was no tomorrow.
- 🎧 IM1_32 • But you know what happened? Oh my god! I found out that I lost my <u>wallet</u>.
- 🎧 IM1_33 • After like 2 hours, I found <u>my wallet</u> <u>in my car</u>. Yeah, I was super lucky.
- 🎧 IM1_34 • After like 3 hours? I got so <u>drunk</u>! And I passed out.
- 🎧 IM1_35 • Well, you know, I ended up <u>in the hospital</u>. But it was fun.
- 🎧 IM1_36 • You know, I don't know why but, suddenly my <u>phone</u> stopped working.
- 🎧 IM1_37 • So, I went to <u>a service center</u> and <u>fixed</u> it. You know, I paid like <u>$30</u>.

2단계 : 딕테이션

문장을 들은 후, 밑줄 친 부분을 적습니다.

- 🎧 반전 • After _____ minutes, it rained so hard and I got soaked.
- 🎧 결과 • Guess what, I just decided to _____. I mean, I was so _____.
- 🎧 반전 • You know what, we went crazy. I mean, we _____ and _____.
- 🎧 결과 • And also, we _____ like there was no tomorrow.
- 🎧 반전 • But you know what happened? Oh my god! I found out that I lost my _____.
- 🎧 결과 • After like 2 hours, I found _____ _____. Yeah, I was super lucky.
- 🎧 반전 • After like 3 hours? I got so _____! And I passed out.
- 🎧 결과 • Well, you know, I ended up _____. But it was fun.
- 🎧 반전 • You know, I don't know why but, suddenly my _____ stopped working.
- 🎧 결과 • So, I went to _____ and _____ it. You know, I paid like _____.

3단계 : 문장 끊어 읽기

문장을 들은 후, 청크 단위로 끊어 읽어 봅니다.

- 🎧 반전 • After <u>20 minutes</u>, / it rained so hard and / I got soaked.
- 🎧 결과 • Guess what, / I just decided to / <u>go home</u>. / I mean, I was so / <u>upset</u>.
- 🎧 반전 • You know what, / we went crazy. / I mean, / we <u>danced</u> and <u>sang</u>.
- 🎧 결과 • And also, / we <u>drank beers</u> like / there was no tomorrow.
- 🎧 반전 • But you know what happened? / Oh my god! / I found out that / I lost my <u>wallet</u>.
- 🎧 결과 • After like 2 hours, / I found <u>my wallet</u> <u>in my car</u>. / Yeah, I was super lucky.
- 🎧 반전 • After like 3 hours? / I got so <u>drunk</u>! / And I passed out.
- 🎧 결과 • Well, you know, / I ended up / <u>in the hospital</u>. / But it was fun.
- 🎧 반전 • You know, / I don't know why but, / suddenly my <u>phone</u> / stopped working.
- 🎧 결과 • So, / I went to <u>a service center</u> and / <u>fixed</u> it. / You know, / I paid like <u>$30</u>.

암기문장 쉐도잉

경험의 본론 문장의 쉐도잉 연습을 하세요.

🎧 MP3 IM1_28~37

4단계 : 전체 문장 읽기

문장을 들은 후, 3단계를 여러 번 반복한 후, 전체 문장을 한숨에 읽어 봅니다.

- After <u>20 minutes</u>, it rained so hard and I got soaked.
- Guess what, I just decided to <u>go home</u>. I mean, I was so <u>upset</u>.
- You know what, we went crazy. I mean, we <u>danced</u> and <u>sang</u>.
- And also, we <u>drank beers</u> like there was no tomorrow.
- But you know what happened? Oh my god! I found out that I lost my <u>wallet</u>.
- After like 2 hours, I found <u>my wallet</u> <u>in my car</u>. Yeah, I was super lucky.
- After like 3 hours? I got so <u>drunk</u>! And I passed out.
- Well, you know, I ended up <u>in the hospital</u>. But it was fun.
- You know, I don't know why but, suddenly my <u>phone</u> stopped working.
- So, I went to <u>a service center</u> and <u>fixed</u> it. You know, I paid like <u>$30</u>.

5단계 : 반복 학습

위 단계를 반복하여, 영어의 어순으로 된 한글 해석을 보며, 쉐도잉 연습을 합니다.

- <u>20분</u> 후, 비가 엄청 왔어 그리고 난 다 젖었어.
- 어떻게 됐냐고? 난 그냥 <u>집에 왔어</u>. 내 말은, 난 좀 <u>짜증이 났어</u>.
- 그거 알아? 우린 정말 미친 듯 놀았어. 내 말은, 우린 <u>춤을 추고</u> <u>노래를 불렀어</u>.
- 그리고, 우린 <u>맥주를 마셨어</u> 내일이 없는 것처럼.
- 근데 무슨 일이 일어났는지 알아? 오마이갓! 난 알아차렸어 <u>지갑</u>을 잃어버린걸.
- 한 2시간 후 즈음, 난 <u>지갑</u>을 찾았어 <u>내 차 안</u>에서. 맞아, 난 정말 운이 좋았어.
- 한 3시간 후 즈음? 난 너무 <u>취했어</u>! 그리고 난 쓰러졌어.
- 음, 알잖아, 난 <u>병원</u>에 가게 되었어. 하지만 즐거웠어.
- 있잖아, 나도 잘 모르겠는데, 갑자기 내 <u>핸드폰</u>이 작동을 하지 않았어.
- 그래서, 난 갔어 <u>서비스 센터</u> 그리고 <u>고쳤어</u>! 있잖아, 난 지불했어 <u>30불</u>을.

16강

유형 03 (경험)

리스닝 훈련

경험 질문 리스트

최초, 최근 경험

인상 깊었던, 문제 해결 경험

경험 질문 리스트

진짜녀석들 OPIc의 다양한 경험 질문들의 MP3를 듣고 키워드 캐치를 훈련하세요.

🎧 MP3 IM1_Q_30~37

최초 경험

Tell me about the first concert you went to. **When** and **where** was the concert held? **Who** did you go with? **How** was the concert? Please tell me all the details.

Do you remember your first trip abroad when you were little? **Where** did you go and **who** did you go with? **What** did you do or see during that trip? Tell me about that experience in as much detail as possible.

최근 경험

I would like to ask you about the recent holiday you spent with your family. **Where** did you go and **what** activities did you do with your family during that holiday? Tell me everything about that holiday.

Now, I want to ask you about a restaurant you ate out recently. What was the **name** of the restaurant and **who** did you go there with? **What** did you eat? **What** happened there? Tell me all the details.

인상 깊었던 경험

Tell me about a memorable incident that happened at the coffee shop. **What** exactly happened and **why** was it so special? Please tell me what happened from the beginning to the end.

Please tell me about a special experience you had at the park. **When** was it and **who** were you with? **Why** was it so special? Please tell me all the stories from the beginning to the end.

문제 해결 경험

That's the end of the situation. Have you ever broken someone's MP3 player? **What** happened? **How** did you **solve** the problem? Please tell me the story from the beginning to the end.

That's the end of the situation. Have you ever cancelled a reservation due to an unexpected matter? **When** was it and **what** happened? **How** did you **solve** the problem? Tell me all the details.

최초, 최근 경험

진짜녀석들 OPIc의 다양한 경험 질문들의 MP3를 듣고 키워드 캐치를 훈련하세요.

🎧 MP3 IM1_Q_30

서베이 / 콘서트

처음 가본 콘서트 경험

Tell me about the first concert you went to. When and where was the concert held? Who did you go with? How was the concert? Please tell me all the details.

/ KEYWORD

🎧 MP3 IM1_Q_31

서베이 / 여행

어렸을 적 처음 가본 여행 경험

Do you remember your first trip abroad when you were little? Where did you go and who did you go with? What did you do or see during that trip? Tell me about that experience in as much detail as possible.

/ KEYWORD

🎧 MP3 IM1_Q_32

돌발 / 명절

최근 가족과 보낸 명절 경험

I would like to ask you about the recent holiday you spent with your family. Where did you go and what activities did you do with your family during that holiday? Tell me everything about that holiday.

/ KEYWORD

🎧 MP3 IM1_Q_33

돌발 / 레스토랑

최근 방문한 레스토랑 경험

Now, I want to ask you about a restaurant you ate out recently. What was the name of the restaurant and who did you go there with? What did you eat? What happened there? Tell me all the details.

/ KEYWORD

인상깊었던/문제해결 경험

진짜녀석들 OPIc의 다양한 경험 질문들의 MP3를 듣고 키워드 캐치를 훈련하세요.

서베이 / 커피숍

🎧 MP3 IM1_Q_34

커피숍에서 일어난 경험

Tell me about a memorable incident that happened at the coffee shop. What exactly happened and why was it so special? Please tell me what happened from the beginning to the end.

/ KEYWORD

서베이 / 공원

🎧 MP3 IM1_Q_35

공원에서 기억에 남는 경험

Please tell me about a special experience you had at the park. When was it and who were you with? Why was it so special? Please tell me all the stories from the beginning to the end.

/ KEYWORD

서베이 / 음악

🎧 MP3 IM1_Q_36

친구의 mp3 플레이어를 부순 경험

That's the end of the situation. Have you ever broken someone's MP3 player? What happened? How did you solve the problem? Please tell me the story from the beginning to the end.

/ KEYWORD

서베이 / 여행

🎧 MP3 IM1_Q_37

여행 예약을 취소한 경험

That's the end of the situation. Have you ever cancelled a reservation due to an unexpected matter? When was it and what happened? How did you solve the problem? Tell me all the details.

/ KEYWORD

17강 유형 03 (경험)

스크립트 훈련1

4번
7번
9번
10번
13번

최초 경험 처음 가본 콘서트 경험

Q30

Tell me about the first concert you went to. **When** and **where** was the concert held? **Who** did you go with? **How** was the concert? Please tell me all the details.

처음 가봤던 콘서트에 대해 말해주세요. 언제, 어디서 콘서트가 열렸나요? 누구와 함께 갔나요? 콘서트는 어땠나요? 상세히 설명해주세요.

서론 시작문장/10%
- **Okay Eva**, experience about *my first concert?* Sure, I'm gonna tell you about the Beyoncé concert.

본론 했던 일/40%
- **Actually,** I went to a Beyoncé concert when I was 25.
  - When I was young, I used to listen to her music.
  - However, the concert was packed with lots of people.
  - You know, the music was so great.

본론 반전/20%
- You know what, we went crazy. I mean, we danced and sang.
  - Well, the concert was amazing.

본론 결과/20%
- After the concert, I grabbed a beer with my friends.
  - You know, we drank beers like there was no tomorrow.

결론 마무리문장/10%
- **Okay Eva,** this is *my first concert experience*.
  - It was fun Eva.

- 오케이 에바, **내 첫 번째 콘서트 경험?** 좋아, 비욘세 콘서트에 대해 말해 줄게.

- 사실, 난 25살 때 비욘세 콘서트에 갔었어.
  - 내가 어렸을 적, 난 그녀의 음악을 듣곤 했어.
  - 있잖아, 콘서트는 많은 사람들로 가득 차 있었어.
  - 있잖아, 음악은 엄청 좋았어.

- 그거 알아? 우린 정말 미친 듯 놀았어. 내 말은, 우린 춤을 추고, 노래를 불렀어.
  - 음, 콘서트는 정말 대단했어.

- 콘서트가 끝난 후에, 난 친구들과 맥주를 마셨어.
  - 있잖아, 우린 내일이 없는 것처럼 술을 마셨어.

- 오케이 에바, 이게 **내 첫 번째 콘서트 경험**이야.
  - 재미있었어 에바야.

어휘 및 표현

experience about my first concert 나의 첫 번째 콘서트 경험   Beyoncé concert 비욘세 콘서트   when I was 25 25살 때   the music was so great 음악은 엄청 좋았어   the concert was amazing 콘서트는 정말 대단했어   I grabbed a beer 술을 마셨어   it was fun 재미 있었어

진짜녀석들 OPIc IM1

최초 경험   어렸을 적 처음 가본 여행 경험

Q31

Do you remember your first trip abroad when you were little? **Where** did you go and **who** did you go with? **What** did you do or see during that trip? Tell me about that experience in as much detail as possible.

어렸을 적 처음 가본 해외 여행을 기억하시나요? 어디로 갔으며 누구와 갔었나요? 무엇을 했거나 혹은 무엇을 보셨나요? 그 경험에 대해 상세히 말해주세요.

서론 시작문장/10%

- **Great,** you mean *my first trip abroad when I was little?* Sure, I got it.

본론 했던 일/40%

- **Actually,** I went to Hawaii when I was 10.
  - You know, Hawaii was incredibly beautiful and peaceful.
  - Um, I enjoyed swimming there.
  - Because there was a beautiful beach in Hawaii.
  - It was fun Eva.

본론 반전/20%

- **But you know what Eva,** after 20 minutes, it rained so hard.
  - Oh my god, the weather was sunny!

본론 결과/20%

- **Guess what,** I just decided to go back to the hotel.
  - Well, but it was fun.

결론 마무리문장/10%

- Um yeah, this is all I remember Eva. Thank you.

- 좋아, 어렸을 적 처음 해외여행? 알겠어.

- 사실, 난 10살 때 하와이를 다녀왔어.
  - 있잖아, 하와이는 숨 막힐 정도로 아름답고 평화로웠어.
  - 음, 난 그곳에서 수영하는 것을 즐겼어.
  - 왜냐하면 하와이에는 아름다운 해변이 있었거든.
  - 재미있었어 에바야.

- 근데 무슨 일이 있었는지 알아? 한 20분 후에, 엄청 비가 쏟아졌어.
  - 오마이갓! 날씨가 엄청 좋았었거든.

- 그래서 어떻게 됐는지 알아? 난 그냥 다시 호텔로 돌아갔어.
  - 뭐, 근데 재미있었어.

- 음, 그래~ 여기까지가 내가 기억하는 부분이야 에바야. 고마워.

어휘 및 표현

first trip abroad when I was little 어렸을 적 나의 첫 해외 여행   I enjoyed swimming there 그곳에서의 수영을 즐겼어   the weather was sunny 날씨가 좋았어   go back to hotel 호텔로 돌아가다

최근 경험 최근 가족과 보낸 명절 경험

Q32
🎧 MP3 IM1_Q_32

I would like to ask you about the recent holiday you spent with your family. **Where** did you go and **what** activities did you do with your family during that holiday? Tell me everything about that holiday.

당신이 가장 최근에 가족과 함께 보냈던 명절에 대해 묻고 싶습니다. 어디를 갔었고, 무슨 활동을 가족과 하셨나요? 그 명절에 대해 모든 걸 말해주세요.

🎧 MP3 IM1_A_32

서론 시작문장/10%
- Why not? Let me tell you my recent holiday I spent with my family.

본론 했던 일/40%
- Actually, I went to the movie theater with my family on last Christmas.
  - You know, my family liked all kinds of movies.
  - Also, my family enjoyed watching action movies since we could release stress.
  - So, we watched an action movie.
  - The movie was fun Eva.

본론 반전/20%
- But you know what happened? After the movie, I found out that I lost my cell phone.
  - Oh my god, it was a new cell phone! I was very upset.

본론 결과/20%
- But after like 2 hours, I found my cell phone in my car. Yeah, I was super lucky.
  - Because it was an expensive cell phone.

결론 마무리문장/10%
- Alright Eva, I guess this is pretty much about my recent holiday.

- 물론이지, 가족과 함께 보냈던 최근 명절에 대해 말해줄게.

- 사실, 난 작년 크리스마스에 가족들과 함께 영화관에 갔어.
  - 있잖아, 우리 가족들은 모든 종류의 영화를 좋아했어.
  - 또한, 우리 가족들은 액션 영화 보는 것을 좋아했어. 왜냐하면 스트레스를 풀 수 있었거든.
  - 그래서 우린 액션 영화를 봤어.
  - 영화는 재미있었어 에바야.

- 근데 무슨 일이 있었는지 알아? 영화가 끝난 후에, 난 내 핸드폰을 잃어버린 걸 알아차렸어.
  - 오마이갓, 그건 새 핸드폰이었어. 난 너무 슬펐어.

- 근데 한 2시간 후 즈음, 난 내 차에서 핸드폰을 찾았어. 맞아, 난 정말 운이 좋았어.
  - 왜냐하면 엄청 비싼 핸드폰이었거든.

- 알겠어 에바, 내 생각에 이 정도가 내 최근 명절의 이야기인 듯해.

어휘 및 표현

recent holiday I spent with my family 가족과 보낸 최근 명절   on last Christmas 작년 크리스마스에   we watched an action movie 액션 영화를 봤어   a new cell phone 새 핸드폰

진짜녀석들 OPIc IM1

최근 경험 최근 방문한 레스토랑 경험

Q33 🎧 MP3 IM1_Q_33

Now, I want to ask you about a restaurant you ate out at recently. What was the **name** of the restaurant and **who** did you go there with? **What** did you eat? **What** happened there? Tell me all the details.

이제 당신에 최근에 방문한 레스토랑에 대해 묻고 싶습니다. 레스토랑의 이름은 무엇이었으며, 누구와 함께 갔나요? 어떤 음식을 먹었나요? 어떤 일이 있었나요? 상세히 말해주세요.

🎧 MP3 IM1_A_33

서론 시작문장/10%

- **Okay** Eva, *experience at a restaurant?* Sure, I'm gonna tell you about ABC restaurant.

본론 했던 일/40%

- **Actually,** I went to ABC restaurant with my friends.
  - You know, it was a 3-story restaurant.
  - Well, on the first floor, there was an Italian restaurant and a Korean restaurant.
  - Plus, on the second floor, there was a bar.
  - Yeah, I enjoyed eating and drinking a lot with my friends.

본론 반전/20%

- **After like 3 hours?** I got so drunk! And I passed out.
  - Because we drank beers like there was no tomorrow.

본론 결과/20%

- **And you know what happened?** Oh my god! I found out that I lost my wallet.
  - Guess what, I just decided to go home.

결론 마무리문장/10%

- **Um yeah,** this is all I remember Eva. Thank you.

- 오케이 에바, **레스토랑 경험?** 물론이지, 내가 ABC 레스토랑 경험에 대해 말해줄게.

- 사실, 난 친구들과 ABC 레스토랑에 갔어.
  - 있잖아, 레스토랑은 3층짜리였어.
  - 음, 1층에는 이탈리안 레스토랑과 한식 레스토랑이 있었어.
  - 추가로, 2층에는 바가 있었어.
  - 그래, 난 친구들과 음식도 엄청 먹고 술도 많이 마셨어.

- 한 3시간 후 즈음? 난 너무 취했고 정말 쓰러졌어.
  - 왜냐하면 우린 내일이 없듯 술을 마셨거든.

- 그리고 무슨 일이 있었는지 알아? 오마이갓! 난 지갑을 잃어버렸어.
  - 그다음엔? 난 그냥 집에 왔어.

- 음 그래~ 이 정도가 내가 기억하는 전부야 에바야. 고마워.

어휘 및 표현

experience at a restaurant 레스토랑 경험   a 3-story restaurant 3층 레스토랑   I enjoyed eating and drinking 난 먹는 것과 마시는 것을 즐겼다

18강

유형 03 (경험)

스크립트 훈련2

4번
7번
9번
10번
13번

인상 깊었던 경험 커피숍에서 일어난 경험

Q34

🎧 MP3 IM1_Q_34

Tell me about a memorable incident that happened at a coffee shop. **What** exactly happened and **why** was it so special? Please tell me what happened from the beginning to the end.

커피숍에서 일어난 기억에 남는 경험에 대해 말해주세요. 정확히 어떤 일이 일어났나요? 또한 왜 특별한 기억인가요? 어떠한 일이 일어났는지 처음부터 끝까지 말해주세요.

🎧 MP3 IM1_A_34

서론 시작문장/10%

- **Great**, you mean *a memorable incident at a coffee shop?* Sure, I got it.

본론 했던 일/40%

- **Actually,** I went to an outdoor coffee shop with my friends.
  - You know, the coffee shop was surrounded by beautiful flowers.
  - When I went there, I just sat down and relaxed.
  - Also, I enjoyed listening to music there.

본론 반전/20%

- After 20 minutes, it rained so hard and my MP3 player got soaked.
  - Oh my god, it was a new MP3 player.

본론 결과/20%

- **Guess what,** I just decided to go home. I mean, I was so upset.

결론 마무리문장/10%

- **Alright Eva,** I guess this is pretty much about it.

- 좋아, 커피숍에서 있었던 인상 깊었던 경험? 알겠어.

- 사실, 난 친구들과 야외 커피숍을 갔었어.
  - 있잖아, 커피숍은 아름다운 꽃들로 둘러싸여져 있었어.
  - 내가 갔을 때, 난 그냥 앉아서 쉬고 있었어.
  - 또한 난 그곳에서 음악 듣는 것을 즐겼어.

- 한 20분 후 즈음, 비가 엄청 왔고, 내 MP3 플레이어가 젖었어.
  - 오마이갓, 그건 나의 새 MP3 플레이어였어.

- 그래서 어떻게 되었냐고? 난 그냥 집에 왔어. 사실 난 굉장히 짜증이 났었어.

- 알겠어 에바, 이 정도면 될 것 같아.

어휘 및 표현

a memorable incident at a coffee shop 기억에 남는 커피숍 경험   an outdoor coffee shop 야외 커피숍

진짜녀석들 OPIc IM1

인상 깊었던 경험 공원에서 기억에 남는 경험

Q35

🎧 MP3 IM1_Q_35

Please tell me about a special experience you had at a park. **When** was it and **who** were you with? **Why** was it so special? Please tell me all the stories from the beginning to the end.

공원에서의 특별한 경험에 대해 말해주세요. 언제, 누구와 함께 갔나요? 왜 그 경험이 특별한가요? 해당 경험에 대해 처음부터 끝까지 말해주세요.

🎧 MP3 IM1_A_35

서론
시작문장/10%

- **Why not?** Let me tell you *a special experience at a park*.

본론
했던 일/80%

- **Actually,** I went to an Olympic park with my friends 2 weeks ago.
  - You know, we liked all kinds of music.
  - So, we enjoyed listening to music.
  - Also, we just sat down and relaxed.
  - Because the park was so peaceful.
  - You know, I also grabbed a beer with my friends.
  - It was so much fun.

결론
마무리문장/10%

- **Um yeah,** this is all I remember Eva. Thank you.

- 물론이지, **공원에서의 특별한 경험**을 말해줄게.

- 사실, 난 2주 전에 친구들과 올림픽 공원에 갔어.
  - 있잖아, 우린 모든 종류의 음악을 좋아해.
  - 그래서 우린 음악 듣는 것을 즐겼어.
  - 또한 우린 그냥 앉아서 쉬기도 했어.
  - 왜냐하면 공원은 너무 평화로웠거든.
  - 있잖아, 난 친구들과 맥주도 마셨어.
  - 정말 즐거웠어.

- 음 그래, 이 정도가 내가 기억나는 전부야 에바야. 고마워.

어휘 및 표현

a special experience at a park 공원에서의 특별한 경험   2 weeks ago 2주 전   it was so much fun 엄청 즐거웠어

18강. 유형3_(경험/인상,문제) : 스크립트 훈련2

문제 해결 경험 친구의 MP3 플레이어를 부순 경험

Q36

That's the end of the situation. Have you ever broken someone's MP3 player? **What** happened? **How** did you **solve** the problem? Please tell me the story from the beginning to the end.

이제 상황이 끝났습니다. 다른 사람의 MP3플레이어를 부순 적이 있나요? 어떤 일이 발생했나요? 어떻게 문제를 해결했나요? 처음부터 끝까지 말해주세요.

서론 시작문장/10%
- **Why not?** Let me tell you *my experience*.

본론 했던 일/40%
- **Actually,** I borrowed an MP3 player from my friend.
  - Because, I liked all kinds of music.
  - So, I enjoyed listening to music.

본론 반전/20%
- After 20 minutes, you know, I don't know why but, suddenly my friend's MP3 player stopped working.
  - Oh my god, I freaked out.

본론 결과/20%
- **So,** I went to a service center and fixed it. You know, I paid like $100.
  - Yeah, I was super lucky.

결론 마무리문장/10%
- **Okay** Eva, this is *my experience*.

- 물론이지, **내 경험**을 말해줄게.

- 사실, 난 친구로부터 MP3 플레이어를 빌렸어.
  - 왜냐하면, 난 모든 종류의 음악을 좋아했어.
  - 그래서 난 음악 듣는 것을 즐겼어.

- 한 20분 후 즈음, 있잖아, 나도 잘 모르는데 갑자기 내 친구의 MP3 플레이어가 작동을 멈췄어.
  - 오마이갓, 난 정말 기겁했어.

- 그래서 난 서비스 센터에 가서 고쳤어. 있잖아, 난 100달러를 지불했어.
  - 그래 난 정말 운이 좋았어.

- 오케이 에바, 이게 **내 경험**이야.

어휘 및 표현
I borrowed an MP3 player mp3플레이어를 빌렸다 **I freaked out** 기겁했어

진짜녀석들 OPIc IM1

문제 해결 경험 여행 예약을 취소한 경험

Q37 🎧 MP3 IM1_Q_37

That's the end of the situation. Have you ever cancelled a reservation due to an unexpected matter? **When** was it and **what** happened? **How** did you **solve** the problem? Tell me all the details.

이제 상황이 끝났습니다. 당신은 부득이한 일때문에 예약을 취소한 경험이 있습니까? 언제, 어떤 일이 있었나요? 그 문제를 어떻게 해결하였나요? 자세히 말해주세요.

🎧 MP3 IM1_A_37

서론 시작문장/10%
- **Okay** Eva, *cancelled a reservation?* Sure.

본론 했던 일/40%
- **Actually,** I planned to go on a trip to BUSAN with my friends.
  - Because BUSAN was incredibly beautiful.

본론 반전/20%
- But you know what happened? Oh my god! it rained so hard.
  - I mean it poured!

본론 결과/20%
- Guess what, I had to cancel the trip.
  - And I just decided to stay home. I mean I was so upset.

결론 마무리문장/10%
- **Okay** Eva, this is *my experience*.

- 오케이 에바, **예약을 취소한 경험**? 물론이지.
- 사실, 난 친구들과 부산을 놀러 갈 계획을 세웠어.
  - 왜냐하면 부산은 숨 막힐 정도로 아름다운 곳이었거든.
- 근데 무슨 일이 생긴지 알아? 오마이갓! 비가 엄청 왔어.
  - 아니 내 말은 정말 퍼부었어.
- 그래서 어떻게 되었냐고? 난 여행을 취소해야 했어.
  - 그리고 난 그냥 집에서 쉬기로 결정했어. 아니 내 말은 난 정말 기분이 상했었어.
- 오케이 에바, 이게 **내 경험**이야.

어휘 및 표현
cancelled a reservation 예약을 취소했다   I planned to go on a trip 여행 계획을 세웠다   it poured (비가) 퍼부었다   I had to cancel a trip 여행을 취소해야 했어   decided to stay home 집에 있기로 결정했다

19강

유형 03 (경험)

모의고사

4번
7번
9번
10번
13번

경험 모의고사 준비

난이도 3 설정 시, 경험 질문은 총 5문제(4, 7, 9, 10, 13번)가 출제됩니다.

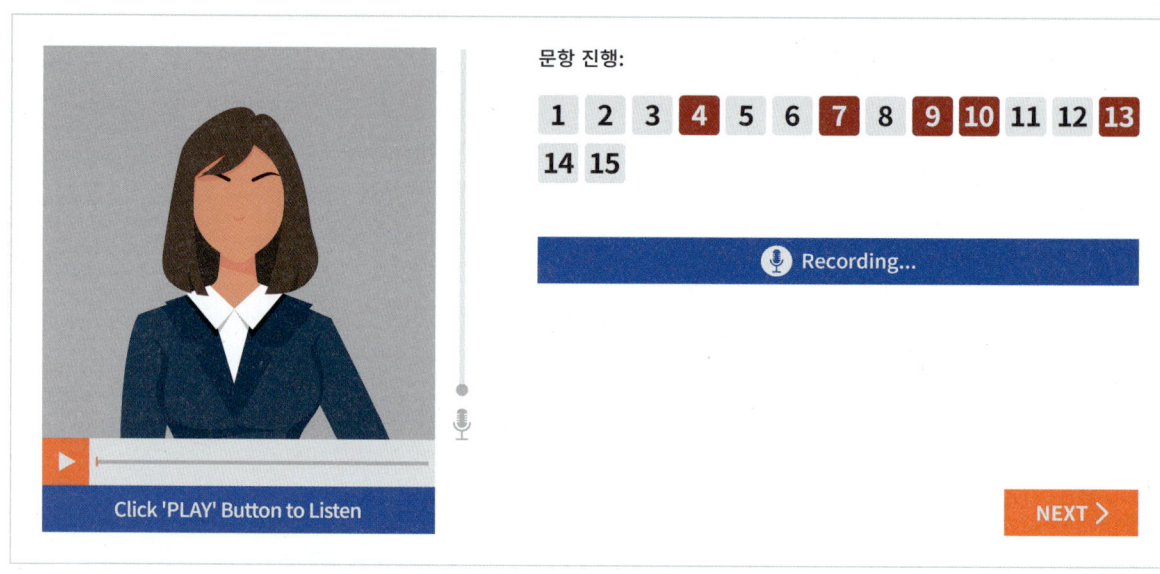

유형	경험
주제	이미 알고 있음
준비시간	20초
답변 Format	했던 일 – 반전 – 결과
집중내용	과거시제 사용

경험 모의고사

실제 시험처럼 각 문제의 MP3를 듣고, 훈련을 해보세요.

4번
경험 모의고사

Q38
MP3 IM1_Q_38

When was the last time you went to buy some clothes? **Where** did you go and **who** did you go there with? **What** did you buy? Please tell me about that day in detail.

7번
경험 모의고사

Q39
MP3 IM1_Q_39

Do you remember the **first time** you used a **technological device**? It might be a cellular phone, laptop computer or other devices. Please tell me about your experience in detail.

9번
경험 모의고사

Q40
MP3 IM1_Q_40

When was the last time you had some free time? **Where** did you go and **who** did you go there with? **What** did you do? Please tell me all the details.

10번
경험 모의고사

Q41
MP3 IM1_Q_41

Now, think about what you did in your free time when you were a child. Did you spend time with your parents or friends? **What** did you do? Please tell me **how** you spent your free time when you were a child.

13번
경험 모의고사

Q42
MP3 IM1_Q_42

That's the end of the situation. Have you ever made plans for a trip or a party but had to cancel due to an unexpected matter? **What** happened? **How** did you **solve** the problem? Please tell me all the stories in detail.

경험 모의고사(4번) 최근 옷 산 경험

Q38

When was the last time you went to buy some clothes? **Where** did you go and **who** did you go there with? **What** did you buy? Please tell me about that day in detail.

가장 최근에 옷을 산 적이 언제였나요? 어디를 갔고 누구와 갔나요? 무엇을 샀나요? 그 날에 대해 상세히 말해주세요.

서론 시작문장/10%
- Great, *my shopping experience?* Sure, I went to ABC shopping mall with my friends 2 weeks ago.

본론 했던 일/40%
- As I mentioned before, there was a 3-story shopping mall in my town.
  - You know, it was a huge shopping mall.
  - However, the shopping mall was packed with lots of people.

본론 반전/20%
- You know, on the second floor, there were lots of clothing stores.
  - So I bought a T-shirt and Jeans.

본론 결과/20%
- After shopping, I grabbed a beer with my friends.
  - Because there was a bar on the top floor.

결론 마무리문장/10%
- Um yeah, this is all I remember Eva. Thank you.

- 좋아, 내 쇼핑 경험? 물론이지, 난 내 친구들과 2주 전에 ABC 쇼핑몰에 갔어.
- 내가 언급했듯, 우리 동네에는 3층짜리 쇼핑몰이 있었어.
  - 있잖아, 엄청 큰 쇼핑몰이었어.
  - 하지만 쇼핑몰은 사람들로 가득 차 있었어.
- 있잖아, 2층에는 많은 옷 가게들이 있었어.
  - 그래서 난 티셔츠와 바지를 샀어.
- 쇼핑 후에는, 난 친구들과 맥주를 마셨어.
  - 왜냐하면 마지막 층에는 바가 있었거든.
- 음, 그래~ 이게 내가 기억하는 전부야 에바야. 고마워.

어휘 및 표현

shopping experience 쇼핑 경험   2 weeks ago 2주 전   clothing stores 옷 가게들   T-shirt and Jeans 티셔츠와 바지   After shopping 쇼핑 후

진짜녀석들 OPIc IM1

경험 모의고사(7번) 처음 사용한 전자기기 경험

Q39

Do you remember the **first time** you used a **technological device**? It might be a cellular phone, laptop computer or other devices. Please tell me about your experience in detail.

전자기기를 처음으로 사용한 적을 기억하시나요? 아마 핸드폰, 노트북 혹은 다른 전자기기 이었을 것입니다. 그 경험에 대해 상세히 말해주세요.

서론 시작문장/10%

- Okay Eva, *technological device?* Sure, I'm gonna tell you about my first cell phone.

본론 했던 일/60%

- As I mentioned before, I enjoy listening to music since I can release stress.
  - I mean, I liked all kinds of music.
  - You know, I went to the park and listened to music there.
  - Because the park was so peaceful.
  - So, I sat down and used my cell phone and listened to music.

본론 결과/20%

- And yeah, I could release stress.

결론 마무리문장/10%

- Um yeah, this is all I remember Eva. Thank you.

- 오케이 에바, 전자 기기? 물론이지, 내 첫 핸드폰에 대해 말해줄게.

- 내가 언급했듯, 난 스트레스 풀 수 있기 때문에 음악 듣는 걸 좋아해.
  - 내 말은 난 모든 종류의 음악을 좋아해.
  - 있잖아, 난 공원에 가서 그곳에서 음악을 들었어.
  - 왜냐하면 공원은 굉장히 평화로웠거든.
  - 내가 갔을 때, 난 앉았고, 핸드폰을 사용해서 음악을 들었어.

- 그리고, 난 스트레스를 풀 수 있었어.

- 음, 그래~ 이게 내가 기억하는 전부야 에바야. 고마워.

어휘 및 표현

technological device 전자 기기   first cell phone 첫 핸드폰

경험 모의고사(9번) 최근 자유시간 경험

Q40

When was the last time you had some free time? Where did you go and who did you go there with? What did you do? Please tell me all the details.

최근 보낸 자유시간은 언제였나요? 어디를 갔었고 누구와 함께 갔었나요? 무엇을 했나요? 그 경험에 대해 상세히 말해 주세요.

서론 시작문장/10%
- Great, you mean my free time? Sure, I got it.

본론 했던 일/60%
- You know, I went to the park near my house 2 days ago.
  - You know, the park was surrounded by beautiful flowers and trees.
  - So when I went there, I just sat down and relaxed.

본론 결과/20%
- You know what, I also enjoyed listening to music.
  - And yeah, I could release stress.

결론 마무리문장/10%
- Alright Eva, I guess this is pretty much about it.

- 좋아, 내 자유시간? 물론이지.

- 있잖아, 난 이틀 전에 친구들과 집 근처 공원에 갔어.
  - 있잖아, 공원은 아름다운 꽃들과 나무들로 둘러싸여져 있었어.
  - 그래서 내가 갔을 때, 난 그냥 앉아서 쉬었어.

- 그거 알아? 또한 난 음악 듣는 걸 즐겼어.
  - 그리고, 난 스트레스를 풀 수 있었어.

- 알겠어 에바, 이 정도면 충분한 것 같아.

어휘 및 표현

my free time 자유시간   near my house 집 근처   2 days ago 이틀 전에

진짜녀석들 OPIc IM1

경험 모의고사(10번) 어릴 적 자유시간 경험

Q41

🎧 MP3 IM1_Q_41

Now, think about what you did in your free time when you were a child. Did you spend time with your parents or friends? **What** did you do? Please tell me **how** you spent your free time when you were a child.

어렸을 적의 자유시간에 대해 생각해주세요. 자유시간을 부모님 혹은 친구들과 보냈나요? 무엇을 했나요? 어렸을 적, 보낸 자유시간을 상세히 말해주세요.

🎧 MP3 IM1_A_41

서론 시작문장/10%
- Great, you mean *my free time when I was a child?* Sure, I got it.

본론 했던 일/40%
- You know, I went to Eminem concert with my friends.
  - Frankly speaking, I enjoy going to concerts.
  - And also, when I was young, I used to listen to hip-hop.
  - However, the concert hall was packed with lots of people.

본론 반전/20%
- You know what, we went crazy. I mean, we danced and sang.
  - Actually, it was so much fun.

본론 결과/20%
- And also, we ate out at a restaurant.

결론 마무리문장/10%
- Alright Eva, I guess this is pretty much about it.

- 좋아, 내 어렸을 적 자유시간? 물론이지.

- 있잖아, 난 친구들과 에미넴 콘서트에 갔어.
  - 솔직히 말해서, 난 콘서트 가는 것을 좋아해.
  - 또한 내가 어렸을 적에는 난 힙합을 좋아했었어.
  - 근데 콘서트홀은 엄청나게 많은 사람들로 가득 찼었어.

- 그거 알아? 우린 정말 너무 신나게 놀았어. 내 말은, 우린 춤을 추고 노래를 불렀어.
  - 사실 정말 너무 즐거웠어.

- 그리고 우린 레스토랑에서 밥도 먹었어.

- 알겠어 에바, 이 정도면 충분한 것 같아.

어휘 및 표현
my free time when I was a child 어렸을 적 자유시간   enjoy going to concerts 콘서트 가는 것을 즐기다   the concert hall 콘서트홀   ate out at a restaurant 레스토랑에서 식사를 했다

19강. 유형3_(경험) : 모의고사

경험 모의고사(13번) 파티 혹은 여행 취소 후 해결 경험

Q42
🎧 MP3 IM1_Q_42

That's the end of the situation. Have you ever made plans for a trip or a party but had to cancel due to an unexpected matter? **What** happened? **How** did you **solve** the problem? Please tell me all the stories in detail.

이제 상황이 끝났습니다. 여행 혹은 파티를 계획했다가 부득이하게 취소한 적이 있나요? 어떤 일이 있었나요? 어떻게 해결을 했나요? 경험을 보다 더 상세히 말해주세요.

🎧 MP3 IM1_A_42

서론
시작문장/10%

- Why <u>not</u>? Let me tell you *my experience*.

본론
했던 일/40%

- You know, I <u>planned</u> to go on a trip to <u>Thailand</u> with my girlfriend.
   - Because it was my <u>birthday</u>.
   - So I was <u>super</u> happy.
   - And we went to the <u>airport</u>.

본론
반전/20%

- But you know what <u>happened</u>? Oh my god! I <u>found</u> out that I lost my <u>passport</u>.
   - Can you <u>imagine</u> that Eva?

본론
결과/20%

- You know <u>what</u>? I couldn't <u>find</u> my passport.
   - Guess what, I just <u>decided</u> to go home. I mean I was <u>so</u> upset.

결론
마무리문장/10%

- Okay Eva, this is *my experience*.

- 물론이지, 내 **경험**을 말해줄게.

- 있잖아, 난 여자친구와 태국 여행을 계획하고 있었어.
   - 왜냐하면 내 생일이었거든.
   - 그래서 난 너무 행복했어.
   - 그리고 우린 공항으로 갔어.

- 근데 무슨 일이 있었는지 알아? 오마이갓! 내가 여권을 잃어버렸어.
   - 이게 말이 되니 에바야?

- 그리고 나선? 난 내 여권을 못 찾았어.
   - 어떻게 했겠어? 그냥 집으로 돌아왔어. 내 말은 난 너무 기분이 나빴어.

- 오케이 에바, 이게 내 **경험**이야.

어휘 및 표현

planned to go on a trip 여행 계획을 세웠다   super happy 엄청나게 행복한   passport 여권   Can you imagine? 상상할 수 있나요?

20강 유형 04 (롤플레이)
이론

롤플레이의 이해

롤플레이의 종류

롤플레이의 답변 Format

롤플레이의 암기문장

롤플레이 답변 준비

롤플레이 질문 파악 전략

롤플레이 답변 전략

롤플레이의 이해

OPIc 질문들 중 실제 전화통화를 하는 '연기'를 해야 하는 롤플레이 질문입니다.
난이도에 따라 롤플레이 질문의 개수가 달라집니다.
롤플레이는 정보요청, 문제해결, 단순질문 롤플레이로 나뉩니다.

롤플레이가 나오는 질문 번호를 외우세요!

롤플레이가 나오는 질문 번호를 외우세요!
IM1 등급 목표 시, 난이도 3으로 설정하시면, 롤플레이는 총 3문제 출제!

롤플레이의 종류

Background Survey에서 선택한 모든 주제 & 모든 출제 가능한 돌발 주제의 롤플레이를 모두 암기하는 것은 불가능합니다. 3가지 종류의 롤플레이에 필요한 Format을 제공합니다.

정보 요청 롤플레이	➡	주어진 대상에게 질문하는 롤플레이
문제 해결 롤플레이	➡	주어진 대상과 문제 해결을 위해 대안을 제시하는 롤플레이
단순 질문 롤플레이	➡	Eva에게 질문하는 롤플레이

 이미 문제 유형을 알기에, 문제를 듣기 전, 해당 롤플레이의 답변 Format 준비!

롤플레이의 답변 Format

롤플레이는 실제 전화통화 같은 자연스러운 '연기'가 필요한 문제입니다.
진짜녀석들 OPIc은 3가지 롤플레이에 필요한 답변 Format을 제공합니다.
또한, 묘사, 경험 유형을 통해 암기한 문장들의 사용이 필히 있어야 합니다.
(이미 익숙한 문장의 사용이 보다 더 자연스러운 답변을 만들어줍니다.)

서론 Introduction (답변비중 10%)
인사말/상황설명
- 롤플레이 종류에 따라 다른 서론으로 시작!
- 실제 전화 통화하는 것 같은 자신감 있는 연기로 시작!

본론 Body (답변비중 80%)
질문/대안
- 롤플레이 종류에 따라 다른 본론!
- 묘사, 경험, 롤플레이의 암기문장 모두 활용!
- 질문의 '키워드' 필수 포함

결론 Conclusion (답변비중 10%)
마무리 문장
- 실제 전화 통화를 끊는 것 같은 자연스러운 마무리!

롤플레이의 암기문장

정확한 롤플레이의 답변을 위하여 본론에 필요한 암기문장을 제공합니다.

정보 요청 롤플레이 - 11번
🎧 MP3 IM1_38~42

인사말
- 안녕, **뭐** 좀 물어봐도 돼?
  Hi there, can I ask you **something**?

질문
- 첫 번째로, **어디**에 있어?
  First of all, **where** is it?

- 그리고, **얼마**야?
  And also, **how much** is it?

- 마지막으로, **운영 시간**은 어떻게 돼?
  Lastly, what are your **opening hours** like?

마무리 문장
- **알겠어 그럼**, 많이 고마워. 나중에 보자.
  Alright then, thanks a lot. See you later.

문제 해결 롤플레이 - 12번
🎧 MP3 IM1_43~47

상황 설명
- 있잖아, 정말 미안한데, 나 **너무 아파** 오늘.
  You know, I'm so sorry, but **I'm very sick** today.

대안
- 그래서 내 대안은, **환불** 받자!
  So my option is, let's **get a refund**!

- 아니면, **너의 친구에게 물어보는 건** 어때?
  Or, why don't you **ask your friend**?

- 음 아니면, **나중**에 하자. **내일**은 어때?
  Well or, let's do it **later**. How about **tomorrow**?

마무리 문장
- **다시 한번**, 정말 미안해. 안녕.
  Once again, I'm so sorry. Bye.

단순 질문 롤플레이 - 15번
🎧 MP3 IM1_48~52

인사말
- 안녕 에바, 나 들었어 네가 **영화 보는 걸** 좋아한다고, 맞아?
  Hi Eva, I heard you like **watching movies**, right?

질문
- 첫 번째로, 왜 넌 좋아 해 **영화 보는 걸**?
  First of all, why do you like **watching movies**?

- 그리고, 누구와 주로 **영화를 봐**?
  And also, who do you normally **watch movies** with?

- 마지막으로, 언제 넌 **영화를 봐**?
  Lastly, when do you **watch movies**?

마무리 문장
- 오케이 에바, 나중에 보자.
  Okay Eva, see you later.

롤플레이 답변 준비 – 시험화면

난이도 3 설정 시, 롤플레이가 나오는 번호를 실제 시험화면으로 익숙해져야 합니다.

난이도 3 설정 시, 롤플레이 질문은 총 3문제(11, 12, 15번)가 출제됩니다.

1. 이미 유형을 알고 있기에 'Play' 버튼 클릭 전, 사용할 롤플레이의 종류를 결정합니다.
2. 전화 통화 같은 자연스러운 연기 연습을 간단히 합니다.
3. 'Play' 버튼 클릭 후, 첫 번째 문제에서 롤플레이 질문의 키워드를 집중해서 듣습니다.
4. 'Replay' 버튼 클릭 후, 두 번째 문제는 듣지 않고 답변 Format을 다시 준비합니다.
5. 오른쪽 상단의 'Recording' 버튼 생성 시, '롤플레이 답변 Format' 대로 답변합니다.

 문제를 집중하여 듣고, 필히 실제 연기를 하는 것과 같은 자연스러운 답변!

롤플레이 질문 파악 전략 - 예시

질문 듣기 전, 이미 유형을 알기에 자연스러운 연기 연습에 집중해야 합니다.

정보 요청 예시 질문 - 콘서트

- I'd like to give you a situation and ask you to act it out. **You want to buy the tickets for the concert tonight**. Call the ticket office and ask two to three questions about how to get tickets.

  ① concert 키워드 캐치 → ② 답변 Format 준비 → ③ 답변

문제 해결 예시 질문 - 콘서트

- Unfortunately, **you are not able to go to the conert since you are so sick**. Call your friend, explain the situation and offer two to three alternatives to solve this problem.

  ① sick 키워드 캐치 → ② 답변 Format 준비 → ③ 답변

단순 질문 예시 질문 - 음악

- I also love listening to music. Ask me three to four questions about **what types of music I like to listen to**.

  ① music, what types 키워드 캐치 → ② 답변 Format 준비 → ③ 답변

자연스러운 '연기'를 위한 답변 Format 작성을 훈련합니다.

ⓐ **인사말/상황설명**
문제에 따라 다른 상대, 롤플레이 종류에 따라 다른 인사말/상황설명으로 실제 전화통화같은 답변으로 시작합니다.

ⓑ **질문/대안**
제공하는 답변 Format을 사용하며, 묘사, 경험에서 훈련한 문장들을 사용하여 질문/대안을 만듭니다.

ⓒ **마무리 문장**
실제 전화통화를 하다 끊는 듯한 자연스러운 연기로 마무리를 짓습니다.

- 진짜녀석들 OPIc 묘사, 경험 답변 훈련과 같이 모든 단락에 <u>본인 실력 문장</u>을 필히 포함해 주시기 바랍니다.

롤플레이 답변 전략 – 예시(정보요청 롤플레이)

OPIc은 면접과 흡사한 시험으로 서론, 본론, 결론을 명확하게 지키며 답변합니다.

서론 (인사말/10%)
본론 (질문/80%)

Q
I'm going to give you a situation and ask you to act it out. You want to **order some concert tickets** on the phone. Call the ticket office and ask some questions in order to buy the tickets.

상황을 드릴 테니 연기해보세요. 당신은 전화로 콘서트 티켓을 구매하고 싶습니다. 티켓 오피스에 전화하여 콘서트 티켓 구매에 대한 질문을 하세요.

예시 답변 – 콘서트 티켓 구매 정보요청

- Hi there, can I ask you something?

- First of all, um, where is the concert hall?
  - Is it the ABC concert hall?
  - I heard that the ABC concert hall is always packed with lots of people.
  - Is it right?

- And also, how much is the tickets?
  - Can I get a discount?

- Lastly, what time does the concert begin?
  - I heard it starts at 7pm. Is it right?

결론 (마무리문장/10%)

- Alright then, thanks a lot. See you later.

정보 요청 롤플레이 답변의 고득점을 향한 스피킹 방법을 훈련합니다.

ⓐ **서론 – 인사말**
대상이 누구인지를 파악하고 필요하다면 대상에 맞는 키워드를 추가해줍니다.
실제 전화 통화같은 자연스러움이 묻어 있게 연기해야 합니다.

ⓑ **본론 – 질문**
진짜녀석들 OPIc 롤플레이 질문으로 답변을 구성합니다. 다만, 제시 대안으로 대체가 되지 않을 시, 배웠던 묘사, 경험에서 암기한 문장들을 사용하여 대안을 구성해줍니다.

ⓒ **결론 – 마무리 문장**
실제 전화 통화를 마무리하는 것과 같은 연기로 자연스럽게 마무리합니다.

- 진짜녀석들 OPIc 묘사, 경험 답변 훈련과 같이 모든 단락에 본인 실력 문장을 필히 포함해 주시기 바랍니다.

롤플레이 답변 전략 – 예시(문제 해결 롤플레이)

OPIc은 면접과 흡사한 시험으로 서론, 본론, 결론을 명확하게 지키며 답변합니다.

Q

I'm sorry, but there is a problem you need to resolve. You are **sick on the day of the concert**. Call your friend, explain the situation and offer two to three alternatives to resolve the problem.

안타깝게도 해결해야 할 문제가 생겼습니다. 당신은 콘서트 당일 날 아픕니다. 친구에게 전화하여 상황을 설명하고 2-3가지 대안을 제시하여 문제를 해결하세요.

예시 답변 - 콘서트 못 가는 문제해결

서론 상황설명/10%

- You know, I'm so sorry, but *I'm very sick today*.

본론 대안/80%

- So my option is, let's get a refund!
  - You know, let me call the ticket office.

- Or, why don't you ask your friend?
  - You know, I heard that one of your friends is an outgoing person.

- Well or, let's go later. How about tomorrow?

결론 마무리문장/10%

- Once again, I'm so sorry. Bye.

문제 해결 롤플레이 답변의 고득점을 향한 스피킹 방법을 훈련합니다.

ⓐ **서론 – 상황설명**
문제에 따라 상황설명이 주어지거나, 주어지지 않기도 합니다. 문제에서 상황설명이 주어진다면 문제에서 나온 상황설명을 사용하며, 주어지지 않는다면 진짜녀석들 OPIc에서 제공하는 상황설명으로 구성합니다. 상황에 걸맞는 연기가 더해져야 보다 더 자연스러운 시작이 됩니다.

ⓑ **본론 – 대안**
진짜녀석들 OPIc 롤플레이 대안으로 답변을 구성합니다. 다만, 제시 대안으로 대체가 되지 않을 시, 배웠던 묘사, 경험에서 암기한 문장들을 사용하여 대안을 구성해줍니다.

ⓒ **결론 – 마무리 문장**
실제 전화 통화를 마무리하는 것과 같은 연기로 자연스럽게 마무리합니다.

- 진짜녀석들 OPIc 묘사, 경험 답변 훈련과 같이 모든 단락에 본인 실력 문장을 필히 포함해 주시기 바랍니다.

롤플레이 답변 전략 – 예시(단순질문 롤플레이)

OPIc은 면접과 흡사한 시험으로 서론, 본론, 결론을 명확하게 지키며 답변합니다.

Q

I also love listening to music. Ask me three to four questions about **what types of music I like to listen to.**

저도 음악 듣는 것을 좋아합니다. 저에게 어떤 종류의 음악을 좋아하는지 3-4개의 질문을 해주세요.

예시 답변 – 좋아하는 음악 단순 질문

서론 인사말/10%

- Hi Eva, I heard you like *listening to music*, right?

본론 질문/80%

- First of all, what types of music do you like to listen to?
  - You know, I like all kinds of music.
  - How about you?

- And also, who do you normally listen to music with?

- Lastly, when do you listen to music?

결론 마무리문장/10%

- Okay Eva, see you later.

단순 질문 롤플레이 답변의 고득점을 향한 스피킹 방법을 훈련합니다.

ⓐ 서론 – 인사말
   면접관인 Eva와의 실제 전화통화처럼 자연스럽게 시작해야 합니다.

ⓑ 본론 – 질문
   단순 질문은 쉬운 '롤플레이 종류' 로 하나의 문제가 출제되기에 필히 물어본 질문의 답변을 먼저 한 다음, 추가 질문은 리얼 오픽 롤플레이 질문으로 답변을 구성합니다. 제시 질문으로 대체가 되지 않을 시, 배웠던 묘사, 경험에서 암기한 문장들을 사용하여 대안을 구성합니다.

ⓒ 결론 – 마무리 문장
   실제 전화 통화를 마무리하는 것과 같은 연기로 자연스럽게 마무리합니다.

- 진짜녀석들 OPIc 묘사, 경험 답변 훈련과 같이 모든 단락에 **본인 실력 문장**을 필히 포함해 주시기 바랍니다.

21강 유형 04 (롤플레이)

암기문장 활용

조동사 의문문

be동사 의문문 (where)

How + 수량형용사

be동사 의문문 (what)

I'm very sick

Let's ~

관용어구 (+ why)

How about ~ ?

I heard that ~

일반동사 의문문 (why)

일반동사 의문문 (who)

일반동사 의문문 (when)

롤플레이의 암기문장(정보요청)   조동사 의문문

롤플레이의 문법을 정확히 배우고 응용해 보세요.

Hi there, can I ask you something?

• **[조동사 의문문] Can + 주어 + 동사 ~? : ~해도 되나요?**

01. **'Can'** 조동사를 넣어 질문을 만들 땐 **'~해도 됩니까?'** 로 해석되어 상대에게 허락, 가능을 물어볼 때 쓰임
02. **'조동사 + 주어 + 동사원형'** 의 형태
03. **Should, Will, May, Could** 등의 다양한 조동사로 문장의 의미를 다채롭게 만들 수 있음

사용 방법

Can + 주어 + 동사원형 ~?

활용 및 응용

• Can I ask you something?

• Can I get a refund?

• Would you like to drink something?

MEMO

롤플레이의 암기문장(정보요청) be동사 의문문(where)

롤플레이의 문법을 정확히 배우고 응용해 보세요.

First of all, where is it?

- **[be동사 의문문 (Where)] Where + be동사 + 주어 ~? : ~이 어디에 있나요?**

01. 'be' 동사를 넣어 질문을 만들 땐 '**be동사 + 주어**'의 형태
02. 구체적인 질문을 할 때는 의문사를 질문의 가장 처음에 위치
03. 'Where'은 '**어디에**' 라는 뜻의 의문사로 '**위치**'를 물을 때 적합
04. 주어의 형태에 따라 동사가 바뀌니 이 점 주의!
05. am – I / are – you, 복수 주어 / is – 단수 주어

사용 방법

Where + be동사 + 주어 ~?

활용 및 응용

- Where is it?

- Where is the store?

- Where are the ATMs in this bank?

MEMO

롤플레이의 암기문장(정보요청)　　How + 수량형용사

롤플레이의 문법을 정확히 배우고 응용해 보세요.

And also, how much is it?

• [How + 수량형용사] How much ~? : 얼마나 ~인가요?

01. **수량형용사**는 명사의 수나 양을 수식하는 형용사: **many, much**
02. 의문사 'how' 뒤에 수량형용사가 오면 **'얼마나 ~인가요?'** 라는 의미로, 보통 금액이나 수량을 물을 때 사용
03. **금액**을 물을 때는 '**how much**' 로만 의미를 전달 가능
04. 단, **셀 수 없는 명사**가 올 때는 '**much**', **셀 수 있는 명사**는 '**many**'
05. How + 수량 형용사 다음에는 의문문을 만들어 문장을 완성

사용 방법

How much / many + 명사 + 의문문 ~ ?

* 셀 수 없는 명사엔 much / 셀 수 있는 명사엔 many

활용 및 응용

• How much is it?

• How much (money) do I pay?

• How many people are coming to the party?

MEMO

롤플레이의 암기문장(정보요청) be동사 의문문(what)

롤플레이의 문법을 정확히 배우고 응용해 보세요.

Lastly, **what are** your opening hours like?

• [be동사 의문문 (What)] What + be동사 + 주어 ~? : ~이 무엇인가요?

01. 'be' 동사를 넣어 질문을 만들 땐 '**be동사 + 주어**'의 형태
02. 구체적인 질문을 할 때는 의문사를 질문의 가장 처음에 위치
03. 'What'은 '**무엇**' 라는 뜻의 의문사로 주어의 '**정체**'를 물을 때 적합
04. 주어의 형태에 따라 동사가 바뀌니 이 점 주의!
05. am – I / are – you, 복수 주어 / is – 단수 주어

사용 방법

What + be동사 + 주어 ~?

활용 및 응용

- **What are** your opening hours like?
- **What is** the address of your store?
- **What are** you doing?

MEMO

롤플레이의 암기문장(문제해결)　I'm very sick

롤플레이의 문법을 정확히 배우고 응용해 보세요.

You know, I'm so sorry, but I'm very sick today.

• [I'm very sick] : 나 너무 아파

01.　일상 회화에서 몸이나 컨디션이 좋지 않을 때 사용할 수 있는 표현
02.　동일한 표현으로
　　　a. I'm not feeling well
　　　b. I don't feel good
　　　c. I feel sick

사용 방법
몸 상태가 좋지 않음을 상대에게 알릴 때 사용

활용 및 응용

• I'm very sick today.

• I couldn't sleep last night because I wasn't feeling well.

• I drank too much. I feel sick.

MEMO

롤플레이의 암기문장(문제해결)　　Let's~

롤플레이의 문법을 정확히 배우고 응용해 보세요.

So, my option is, let's get a refund!

• [Let's~] : ~하자

01. 상대에게 무언가 함께 하자고 **제시**할 때 사용되는 표현
02. 'Let's' 다음에는 **동사원형** 취급
03. 'Let's'는 Let us의 줄임 말로 'us'대신 'me/you/him/her/them'과 같은 목적격 인칭대명사를 추가해서 다른 의미의 표현을 만드는 것도 가능

사용 방법

Let's + **동사원형** ~

* 'us'대신 'me/you/him/her/them'과 같은 목적격 인칭대명사 대체 가능

활용 및 응용

• Let's get a refund!

• I will let you know.

• Let me call them and ask questions.

MEMO

롤플레이의 암기문장(문제해결)　관용어구 (+why)

롤플레이의 문법을 정확히 배우고 응용해 보세요.

Or, why don't you ask your friend?

• [관용어구] Why don't you ~? : ~ 하는게 어때?

01. 'why don't you + 동사원형' 형태의 문장은 관용어구로서 의견을 제시하는 뉘앙스
02. 'how about' / 'what about'과 동일한 의미를 지님
03. 'why'가 들어간 관용어구 중 자주 쓰이는 표현으로는
    a. Why not? : 좋아! (안될 게 뭐야)
    b. Why bother? : 뭐 하러 그래? 굳이?

사용 방법

Why don't + 주어 + 동사원형 ~?

* 자주 쓰이는 관용어구 'why not?' 'why bother?'는 보통 이 자체로만 사용

활용 및 응용

• Why don't you ask your friend?

• Why don't we do it next weekend?

• A beach trip? Sure, why not?

MEMO

롤플레이의 암기문장(문제해결)　How about~?

롤플레이의 문법을 정확히 배우고 응용해 보세요.

Well, or let's do it later. How about tomorrow?

• [How about ~?] : ~하는게 어때?

01. 'How about + 명사' 형태의 문장은 상대에게 무언가 제안하며 의견을 묻는 뉘앙스로 'what about'과 동일한 의미를 지님
02. '~하는게 어때?'로 해석하며 뒤에는 '명사 / 동명사'를 취급하지만 실제 회화에서는 문장으로 나타내는 경우도 종종 보임

사용 방법

How about + 명사/동명사 ~?
= what about + 명사/동명사?

활용 및 응용

• How about tomorrow?

• How about just chilling at my place?

• What about Jade? She likes to party!

MEMO

롤플레이의 암기문장(단순질문)   I heard that~

롤플레이의 문법을 정확히 배우고 응용해 보세요.

Hi Eva, I heard that you like watching movies, right?

• [I heard that ~] : 저는 ~라고 들었어요

01.   소식을 전하거나 들었던 이야기를 다시 전달할 때 사용되는 표현
02.   'I heard that' 다음에는 반드시 '주어+동사'의 절을 취급
03.   'heard' 발음 주의

사용 방법

I heard that + 주어 + 동사

활용 및 응용

• I heard that you like watching movies, right?

• I heard that you work at a café.

• I heard that you live in Canada.

MEMO

롤플레이의 암기문장(단순질문) 일반동사 의문문(why)

롤플레이의 문법을 정확히 배우고 응용해 보세요.

First of all, why do you like watching movies?

• **[일반동사 의문문 (Why)] Why + do동사 + 주어 + 동사원형 ~? : 왜 ~을 하나요?**

01. 일반동사를 넣어 질문을 만들 땐 **'do동사: do/does/did'**가 필요
02. 일반동사 의문문의 형태: **'Do동사 + 주어 + 동사원형?'**
03. 구체적인 질문을 할 때는 의문사를 질문의 가장 처음에 위치
04. **'Why'**은 '왜' 라는 뜻의 의문사로 **'이유'**를 물을 때 적합

사용 방법

Why + do동사 + 주어 + (일반)동사원형 ~ ?

    do: 주어가 1, 2인칭, 복수 일 때

    does: 주어가 3인칭 단수 일 때

    did: 시제가 과거일 때

활용 및 응용

• Why do you like watching movies?

• Why do you work at a café?

• Why does she love going to the park?

MEMO

롤플레이의 암기문장(단순질문) 일반동사 의문문(who)

롤플레이의 문법을 정확히 배우고 응용해 보세요.

And also, who do you normally watch movies with?

• [일반동사 의문문 (Who)] Who + do동사 + 주어 + 동사원형 ~ + with? : 누구와 함께 ~을 하나요?

01. 'Who'은 '**누가**' 라는 뜻의 의문사로 '누구'를 물을 때 적합
02. 'Who' 문장 뒤에 'with'를 붙이면 '**누구와 함께**'로 해석
03. 일반동사를 넣어 질문을 만들 땐 '**do동사: do/does/did**'가 필요
04. 일반동사 의문문의 형태: '**Do동사 + 주어 + 동사원형?**'
05. 구체적인 질문을 할 때는 의문사를 질문의 가장 처음에 위치

사용 방법

Who + do동사 + 주어 + (일반)동사원형 ~ ?

    do: 주어가 1, 2인칭, 복수 일 때

    does: 주어가 3인칭 단수 일 때

    did: 시제가 과거일 때

활용 및 응용

• Who do you normally watch movies with?

• Who do you see at the shopping mall?

• Who do you like to go to the concert with?

MEMO

롤플레이의 암기문장(단순질문) 일반동사 의문문(when)

롤플레이의 문법을 정확히 배우고 응용해 보세요.

Lastly, when do you watch movies?

• [일반동사 의문문 (When)] When + do동사 + 주어 + 동사원형 ~? : 언제 ~을 하나요?

01. 'When'은 '언제' 라는 뜻의 의문사로 '시간, 날짜'를 물을 때 적합
02. 일반동사를 넣어 질문을 만들 땐 'do동사: do/does/did'가 필요
03. 일반동사 의문문의 형태: 'Do동사 + 주어 + 동사원형?'
04. 구체적인 질문을 할 때는 의문사를 질문의 가장 처음에 위치

사용 방법

When + do동사 + 주어 + (일반)동사원형 ~ ?

    do: 주어가 1, 2인칭, 복수 일 때

    does: 주어가 3인칭 단수 일 때

    did: 시제가 과거일 때

활용 및 응용

- When do you watch movies?

- When did you start jogging?

- When does she travel?

MEMO

22강 유형 04 (롤플레이)

암기문장 쉐도잉

1단계 : 사전학습

2단계 : 딕테이션

3단계 : 문장 끊어 읽기

4단계 : 전체 문장 읽기

5단계 : 반복 학습

암기문장 쉐도잉

암기문장 쉐도잉은 총 5단계로 나누어져 있습니다.
진짜녀석들 OPIc의 암기문장을 반복듣기 하면서 쉐도잉을 진행합니다.

| 1단계 사전학습 | 문장을 들은 후, 주어진 암기문장을 억양, 강세를 고려하여 큰소리로 읽습니다.
ex.) Actually, **It** is incredibly **beautiful** and **peaceful**. |

| 2단계 딕테이션 | 문장을 들은 후, 밑줄 친 부분을 적습니다.
ex.) Actually, ___ is incredibly _____ and _____. |

| 3단계 문장 끊어 읽기 | 문장을 들은 후, 청크 단위로 끊어 읽어 봅니다.
ex.) Actually, / **It** is incredibly **beautiful** / and **peaceful**. |

| 4단계 전체 문장 읽기 | 문장을 들은 후, 3단계를 여러 번 반복한 후, 전체 문장을 한숨에 읽어 봅니다.
ex.) Actually, **It** is incredibly **beautiful** and **peaceful**. |

| 5단계 반복학습 | 위 단계를 반복하여, 영어의 어순으로 된 한글 해석을 보며, 쉐도잉 연습을 합니다.
ex.) 사실, 그곳은 숨 막히게 아름다워 그리고 평화로워. |

암기문장 쉐도잉

정보요청 롤플레이 문장의 쉐도잉 연습을 하세요.

🎧 MP3 IM1_38~42

1단계 : 사전학습

문장을 들은 후, 주어진 암기문장을 억양, 강세를 고려하여 큰소리로 읽습니다.

🎧 IM1_38 • Hi there, can I ask you **something**?
🎧 IM1_39 • First of all, **where** is it?
🎧 IM1_40 • And also, **how much** is it?
🎧 IM1_41 • Lastly, what are your **opening hours** like?
🎧 IM1_42 • Alright then, thanks a lot. See you later.

2단계 : 딕테이션

문장을 들은 후, 밑줄 친 부분을 적습니다.

• Hi there, can I ask you _____?
• First of all, _____ is it?
• And also, _____ is it?
• Lastly, what are your _____ like?
• Alright then, thanks a lot. See you later.

3단계 : 문장 끊어 읽기

문장을 들은 후, 청크 단위로 끊어 읽어 봅니다.

• Hi there, / can I ask you **something**?
• First of all, / **where** is it?
• And also, / **how much** is it?
• Lastly, / what are your / **opening hours** like?
• Alright then, / thanks a lot. / See you later.

4단계 : 전체 문장 읽기

문장을 들은 후, 3단계를 여러 번 반복한 후, 전체 문장을 한숨에 읽어 봅니다.

• Hi there, can I ask you **something**?
• First of all, **where** is it?
• And also, **how much** is it?
• Lastly, what are your **opening hours** like?
• Alright then, thanks a lot. See you later.

5단계 : 반복 학습

위 단계를 반복하여, 영어의 어순으로 된 한글 해석을 보며, 쉐도잉 연습을 합니다.

• 안녕, <u>뭐</u> 좀 물어봐도 돼?
• 첫 번째로, <u>어디</u>에 있어?
• 그리고, <u>얼마</u>야?
• 마지막으로, <u>운영 시간</u>은 어떻게 돼?
• 알겠어 그럼, 많이 고마워. 나중에 보자.

암기문장 쉐도잉

문제해결 롤플레이 문장의 쉐도잉 연습을 하세요.

🎧 MP3 IM1_43~47

1단계 : 사전학습

문장을 들은 후, 주어진 암기문장을 억양, 강세를 고려하여 큰소리로 읽습니다.

🎧 IM1_43 • You know, I'm so sorry, but **I'm very sick** today.
🎧 IM1_44 • So my option is, let's **get a refund**!
🎧 IM1_45 • Or, why don't you **ask your friend**?
🎧 IM1_46 • Well or, let's do it **later**. How about **tomorrow**?
🎧 IM1_47 • Once again, I'm so sorry. Bye.

2단계 : 딕테이션

문장을 들은 후, 밑줄 친 부분을 적습니다.

- You know, I'm so sorry, but I'm _____ today.
- So my option is, let's _____!
- Or, why don't you _____?
- Well or, let's do it _____. How about _____?
- Once again, I'm so sorry. Bye.

3단계 : 문장 끊어 읽기

문장을 들은 후, 청크 단위로 끊어 읽어 봅니다.

- You know, / I'm so sorry, but / I'm very sick today.
- So my option is, / let's get a refund!
- Or, / why don't you ask / your friend?
- Well or, / let's do it later. / How about tomorrow?
- Once again, / I'm so sorry. / Bye.

4단계 : 전체 문장 읽기

문장을 들은 후, 3단계를 여러 번 반복한 후, 전체 문장을 한숨에 읽어 봅니다.

- You know, I'm so sorry, but **I'm very sick** today.
- So my option is, let's **get a refund**!
- Or, why don't you **ask your friend**?
- Well or, let's do it **later**. How about **tomorrow**?
- Once again, I'm so sorry. Bye.

5단계 : 반복 학습

위 단계를 반복하여, 영어의 어순으로 된 한글 해석을 보며, 쉐도잉 연습을 합니다.

- 있잖아, 정말 미안한데, 나 **너무 아파** 오늘.
- 그래서 내 대안은, **환불** 받자!
- 아니면, **너의 친구에게 물어보는 건** 어때?
- 음 아니면, **나중**에 하자. **내일**은 어때?
- 다시 한번, 정말 미안해. 안녕.

암기문장 쉐도잉

단순질문 롤플레이 문장의 쉐도잉 연습을 하세요.

🎧 MP3 IM1_48~52

1단계 : 사전학습

문장을 들은 후, 주어진 암기문장을 억양, 강세를 고려하여 큰소리로 읽습니다.

- 🎧 IM1_48 • Hi Eva, I heard you like **watching movies**, right?
- 🎧 IM1_49 • First of all, why do you like **watching movies**?
- 🎧 IM1_50 • And also, who do you normally **watch movies** with?
- 🎧 IM1_51 • Lastly, when do you **watch movies**?
- 🎧 IM1_52 • Okay Eva, see you later.

2단계 : 딕테이션

문장을 들은 후, 밑줄 친 부분을 적습니다.

- Hi Eva, I heard you like _____, right?
- First of all, why do you like _____?
- And also, who do you normally _____ with?
- Lastly, when do you _____?
- Okay Eva, see you later.

3단계 : 문장 끊어 읽기

문장을 들은 후, 청크 단위로 끊어 읽어 봅니다.

- Hi Eva, / I heard you like / **watching movies**, right?
- First of all, / why do you like / **watching movies**?
- And also, / who do you normally / **watch movies** with?
- Lastly, / when do you / **watch movies**?
- Okay Eva, / see you later.

4단계 : 전체 문장 읽기

문장을 들은 후, 3단계를 여러 번 반복한 후, 전체 문장을 한숨에 읽어 봅니다.

- Hi Eva, I heard you like **watching movies**, right?
- First of all, why do you like **watching movies**?
- And also, who do you normally **watch movies** with?
- Lastly, when do you **watch movies**?
- Okay Eva, see you later.

5단계 : 반복 학습

위 단계를 반복하여, 영어의 어순으로 된 한글 해석을 보며, 쉐도잉 연습을 합니다.

- 안녕 에바, 나 들었어 네가 **영화 보는 걸** 좋아한다고, 맞아?
- 첫 번째로, 왜 넌 좋아 해 **영화 보는 걸**?
- 그리고, 누구와 주로 **영화를 봐**?
- 마지막으로, 언제 넌 **영화를 봐**?
- 오케이 에바, 나중에 보자.

23강 유형 04 (롤플레이)

리스닝 훈련

롤플레이 질문 리스트

정보요청 롤플레이

문제해결 롤플레이

단순질문 롤플레이

롤플레이 질문 리스트

진짜녀석들 OPIc의 다양한 롤플레이 질문들의 MP3를 듣고 키워드 캐치를 훈련하세요.

🎧 MP3 IM1_Q_43~51

정보 요청 롤플레이

I'm going to give you a situation and ask you to act it out. You want to **order some concert tickets** on the phone. Call the ticket office and ask some questions in order to buy the tickets.

I'm going to give you a situation and ask you to act it out. You want to **buy a new cell phone**. Call a store and ask three to four questions about a new cell phone you want to buy.

I'm going to give you a situation and ask you to act it out. You are **invited to a party** from a friend. Call your friend and ask some questions about the party.

문제 해결 롤플레이

I'm sorry, but there is a problem you need to resolve. You are **sick on the day of the concert**. Call your friend, explain the situation and offer two to three alternatives to **resolve** the problem.

I'm sorry, but there is a problem you need to resolve. You have received a new cell phone, but the features are not what you expected, so **you want to change for another one**. Call the store, explain the situation and **solve** this problem to get a new one.

I'm sorry, but there is a problem you need to resolve. You are **not able to join the party** because something has happened to you. Call your friend, explain the situation and offer two or three options to **solve** this problem.

단순 질문 롤플레이

I also enjoy traveling around my country. Ask me three to four questions about **why I like traveling around my country**.

I also enjoy jogging. Ask me three to four questions about **why I like to jog**.

Ask me three or four questions to learn everything you can about **where I live**.

정보요청 롤플레이

진짜녀석들 OPIc의 정보요청 롤플레이 질문들의 MP3를 듣고 키워드 캐치를 훈련하세요.

🎧 MP3 IM1_Q_43

서베이 / 콘서트

콘서트 티켓 구매 정보요청

I'm going to give you a situation and ask you to act it out. You want to order some concert tickets on the phone. Call the ticket office and ask some questions in order to buy the tickets.

/ KEYWORD

🎧 MP3 IM1_Q_44

돌발 / 전화기

핸드폰 구매 정보요청

I'm going to give you a situation and ask you to act it out. You want to buy a new cell phone. Call a store and ask three to four questions about a new cell phone you want to buy.

/ KEYWORD

🎧 MP3 IM1_Q_45

돌발 / 파티

파티 초대 정보요청

I'm going to give you a situation and ask you to act it out. You are invited to a party from a friend. Call your friend and ask some questions about the party.

/ KEYWORD

문제해결 롤플레이

진짜녀석들 OPIc의 문제해결 롤플레이 질문들의 MP3를 듣고 키워드 캐치를 훈련하세요.

🎧 MP3 IM1_Q_46

서베이 / 콘서트

콘서트 못 가는 문제해결

I'm sorry, but there is a problem you need to resolve. You are sick on the day of the concert. Call your friend, explain the situation and offer two to three alternatives to resolve the problem.

/ KEYWORD

🎧 MP3 IM1_Q_47

돌발 / 전화기

핸드폰 교환해야 하는 문제해결

I'm sorry, but there is a problem you need to resolve. You have received a new cell phone, but the features are not what you expected, so you want to change for another one. Call the store, explain the situation and solve this problem to get a new one.

/ KEYWORD

🎧 MP3 IM1_Q_48

돌발 / 파티

일이 생겨 파티에 못 가는 문제해결

I'm sorry, but there is a problem you need to resolve. You are not able to join the party because something has happened to you. Call your friend, explain the situation and offer two or three options to solve this problem.

/ KEYWORD

단순질문 롤플레이

진짜녀석들 OPIc의 단순질문 롤플레이 질문들의 MP3를 듣고 키워드 캐치를 훈련하세요.

🎧 MP3 IM1_Q_49

서베이 / 여행

에바가 여행하는 나라 단순질문

I also enjoy traveling around my country. Ask me three to four questions about why I like traveling around my country.

/ KEYWORD

🎧 MP3 IM1_Q_50

서베이 / 조깅

에바가 조깅하는 이유 단순질문

I also enjoy jogging. Ask me three to four questions about why I like to jog.

/ KEYWORD

🎧 MP3 IM1_Q_51

서베이 / 거주지

에바가 사는 곳 단순질문

Ask me three or four questions to learn everything you can about where I live.

/ KEYWORD

24강

유형 04 (롤플레이)

스크립트 훈련

11번

12번

15번

정보 요청 롤플레이 콘서트 티켓 구매

Q43
🎧 MP3 IM1_Q_43

I'm going to give you a situation and ask you to act it out. You want to **order some concert tickets** on the phone. Call the ticket office and ask some questions in order to buy the tickets.

상황을 드릴 테니 연기해보세요. 당신은 전화로 콘서트 티켓을 구매하고 싶습니다. 티켓 오피스에 전화하여 콘서트 티켓 구매에 대한 질문을 하세요.

🎧 MP3 IM1_A_43

서론 인사말/10%

- <u>Hi</u> there, is this *ABC concert hall?* Can I <u>ask</u> you something?

본론 질문/80%

- <u>First of all,</u> um, is there a <u>restaurant</u> in the concert hall?
  - Because <u>before</u> the concert, I want to <u>eat</u> out at a restaurant.

- And <u>also,</u> <u>how</u> much are the <u>tickets</u>?
  - I'm a <u>student</u>. So can I get a <u>discount</u>?

- <u>Lastly,</u> what <u>time</u> does the concert <u>begin</u>?
  - I <u>heard</u> it starts at <u>6</u>pm. Is it <u>right</u>?

결론 마무리문장/10%

- <u>Alright</u> then, <u>thanks</u> a lot. See you later.

- 안녕하세요, 거기가 ABC 콘서트홀인가요? 뭐 좀 여쭤봐도 되죠?

- 첫 번째로, 음, 콘서트홀 안에 레스토랑이 있나요?
  - 왜냐하면 콘서트 전에 레스토랑에서 식사를 하고 싶어서요.

- 그리고, 티켓 가격은 어떻게 되죠?
  - 제가 학생인데, 할인을 받을 수 있나요?

- 마지막으로, 콘서트는 몇 시에 시작하나요?
  - 제가 듣기론 6시에 시작이라 하던데, 맞나요?

- 그럼 알겠습니다. 감사합니다. 곧 뵐게요.

어휘 및 표현
ABC concert hall ABC 콘서트홀   **can I get a discount?** 할인을 받을 수 있나요?   **what time does the concert begin?** 콘서트는 몇 시에 시작하나요?
I heard ~ 제가 듣기로는   **is it right?** 맞나요?

정보 요청 롤플레이 핸드폰 구매 정보요청

Q44

I'm going to give you a situation and ask you to act it out. You want to **buy a new cell phone**. Call a store and ask three to four questions about a new cell phone you want to buy.

상황을 드릴 테니 연기해보세요. 당신은 새로운 핸드폰을 구매하고 싶습니다. 상점에 전화하여 구매를 희망하는 새로운 핸드폰에 대해 3-4가지 질문을 하세요.

서론 인사말/10%

- <u>Hi</u> there, is this <u>ABC cell phone store?</u> Can I <u>ask</u> you something?

본론 질문/80%

- <u>First</u> of all, <u>how</u> much is the new <u>iPhone</u>?
  - I heard it is $<u>200</u>. Is it <u>right</u>?

- And <u>also,</u> <u>where</u> is your store?
  - <u>Plus</u>, what are your <u>opening</u> hours like?
  - Is it 9 to <u>6</u>?

결론 마무리문장/10%

- <u>Alright</u> then, <u>thanks</u> for your help. Bye.

- 안녕하세요, 거기가 ABC 핸드폰 가게죠? 뭐 좀 여쭤봐도 되죠?

- 첫 번째로, 새 아이폰 가격이 어떻게 되나요?
  - 제가 듣기론 200불이던데, 맞나요?

- 그리고, 가게가 어디에 있죠?
  - 또한, 운영시간이 어떻게 되나요?
  - 9시부터 6시까지인가요?

- 그럼 알겠습니다. 도움 주셔서 감사합니다. 안녕히 계세요.

어휘 및 표현

ABC cell phone store ABC 핸드폰 가게   I heard ~ 제가 듣기로는   9 to 6 9시부터 6시   thanks for your help 도움 주셔서 감사합니다

정보 요청 롤플레이 — 파티 초대 정보요청

Q45

🎧 MP3 IM1_Q_45

I'm going to give you a situation and ask you to act it out. You are **invited to a party** from a friend. Call your friend and ask some questions about the party.

상황을 드릴 테니 연기해보세요. 당신은 친구로부터 파티에 초대받았습니다. 친구에게 전화하여 파티에 대해 질문을 하세요.

🎧 MP3 IM1_A_45

서론 인사말/10%

- Hi Jean, you are *having a party?* Can I ask you something?

본론 질문/80%

- First of all, where is the party at?
  - I heard it's at your house. Am I right?

- And also, can I bring my friend?
  - You know, one of my friends is an outgoing person.
  - And he is very funny.

- Um you know, the last party was packed with lots of people.
  - How about this party?
  - How many people are going?

결론 마무리문장/10%

- Alright then, see you later. Bye.

- 안녕 진, **파티를 연다고 들었어.** 뭐 좀 물어봐도 돼?

- 첫 번째로, 파티 장소는 어디야?
  - 내가 듣기론 너희 집이던데, 내가 맞아?

- 그리고, 내 친구 데리고 가도 돼?
  - 있잖아, 내 친구 중 한 명이 굉장히 활발하거든.
  - 그리고 걔는 엄청 재미있어.

- 음, 있잖아, 저번 파티는 사람들이 엄청 많았잖아.
  - 이번 파티는 어때?
  - 몇 명이나 와?

- 알겠어 그럼, 나중에 봐. 안녕.

어휘 및 표현

having a party 파티를 열다   at your house 너희 집에서   Am I right? 내가 맞아?   bring my friend 내 친구를 데려오다   the last party 저번 파티
how about this party? 이번 파티는 어때?

진짜녀석들 OPIc IM1

문제 해결 롤플레이 콘서트 못 가는 문제 해결

Q46

🎧 MP3 IM1_Q_46

I'm sorry, but there is a problem you need to resolve. You are **sick on the day of the concert**. Call your friend, explain the situation and offer two to three alternatives to resolve the problem.

안타깝게도 해결해야 할 문제가 생겼습니다. 당신은 콘서트 당일 날 아픕니다. 친구에게 전화하여 상황을 설명하고 2-3가지 대안을 제시하여 문제를 해결하세요.

🎧 MP3 IM1_A_46

서론 상황설명/10%

- **Hi Jean,** you know, I'm so sorry, but *I'm very sick today*.

본론 대안/80%

- **So my option is,** let's get a refund!
  - You know, I will call the ABC concert hall. Don't worry.

- **Or,** why don't you ask your friend?
  - You know, I heard that one of your friends is an outgoing person.
  - And also, I heard that he enjoys going to concerts, right?
  - Why don't you go with him?

- **Well or,** let's go later. How about next week?

결론 마무리문장/10%

- **Once again,** I'm so sorry. Bye.

- 안녕 진, 있잖아, 정말 미안한데, **나 오늘 너무 아파**.

- 그래서 내 대안은, 환불받는 게 어때?
  - 있잖아, 내가 ABC 콘서트홀에 전화할게. 걱정 마.

- 아니면, 너의 친구와 함께 가는 건 어때?
  - 있잖아, 너의 친구 중 한 명이 굉장히 활발하다고 들었거든.
  - 또한, 그 친구는 콘서트 가는 것을 즐긴다고 들었는데, 맞지?
  - 그와 가는 건 어때?

- 음, 아니면, 그냥 나중에 가자. 다음 주는 어때?

- 다시 한번 미안해. 안녕.

어휘 및 표현
one of your friends 너의 친구 중 한 명   enjoys going to concerts 콘서트 가는 것을 즐기다   why don't you go with him? 그와 가는 건 어때?
let's go later 나중에 가자   how about next week? 다음 주는 어때?

24강. 유형4_(롤플레이) : 스크립트 훈련   213

문제 해결 롤플레이 핸드폰 교환해야 하는 문제 해결

Q47

I'm sorry, but there is a problem you need to resolve. You have received a new cell phone, but the features are not what you expected, so **you want to change for another one**. Call the store, explain the situation and solve this problem to get a new one.

안타깝게도 해결해야 할 문제가 생겼습니다. 새 핸드폰을 받았지만, 당신이 기대했던 기능이 없어서 다시 새로운 핸드폰으로 교환하고 싶습니다. 상점에 전화하여 상황을 설명하고 새로운 핸드폰을 받기 위해 상황을 해결하세요.

서론 상황설명/10%
- Hi there, you know, I want to change for another one.

본론 대안/80%
- Well, do you remember that I enjoy listening to music?
  - I mean, I like rock music.
  - However, my cell phone doesn't have a powerful speaker!
  - So, I want to change for another one.

- And also, I want to visit your store.
  - What are your opening hours like?

결론 마무리문장/10%
- Alright then, thanks a lot. See you later.

- 안녕하세요. 있잖아요, 저 새로운 핸드폰으로 다시 교환해야 할 것 같아요.

- 음, 제가 음악 듣는 것을 좋아한다고 말씀드렸는데 기억나세요?
  - 제 말은, 전 락 음악을 좋아하거든요.
  - 근데 새 핸드폰의 스피커가 그다지 강력하지 않아요.
  - 그래서 다시 새 핸드폰으로 바꾸고 싶어요.

- 또한, 상점에 방문을 하려고 하는데요.
  - 운영시간이 어떻게 되죠?

- 그럼 알겠습니다. 감사합니다. 곧 뵐게요.

어휘 및 표현

I want to change for another one 새로운 핸드폰으로 교환을 원합니다 **powerful speaker** 강력한 스피커 **I want to visit your store** 당신 상점을 방문하고 싶습니다

진짜녀석들 OPIc IM1

문제 해결 롤플레이 일이 생겨 파티에 못 가는 문제 해결

Q48 🎧 MP3 IM1_Q_48

I'm sorry, but there is a problem you need to resolve. **You are not able to join the party** because something has happened to you. Call your friend, explain the situation and offer two or three options to solve this problem.

안타깝게도 해결해야 할 문제가 생겼습니다. 어떤 일이 생겨서 파티에 참여를 하지 못합니다. 친구에게 전화하여 상황을 설명하고 2-3개 옵션을 주어 상황을 해결하세요.

🎧 MP3 IM1_A_48

서론
상황설명/10%

- **Hi Jean,** you know, I'm <u>so</u> sorry, but *I'm <u>very</u> sick today*.
  - I <u>can't</u> join the party.

본론
대안/80%

- **So my <u>option</u> is,** why don't you <u>ask</u> your friend?
  - You know, I <u>heard</u> that one of your <u>friends</u> enjoys <u>parties</u>.

- **Well <u>or</u>,** let's go <u>later</u>. How about this <u>Saturday</u>?

결론
마무리문장/10%

- **Once again,** I'm <u>so</u> sorry. Bye.

- 안녕 진, 있잖아, 너무 미안한데, 내가 **오늘 너무 아파**.
  - 그래서 파티에 참여를 못할 것 같아.

- 그래서 내 대안은, 너의 친구들에게 물어보는 건 어때?
  - 있잖아, 너의 친구 중 한 명이 파티를 엄청 좋아한다고 들었어.

- 음, 아니면, 나중에 가자. 이번 주 토요일은 어때?

- 다시 한번 정말 미안해. 안녕.

어휘 및 표현

I can't join the party 파티에 참여하지 못한다   **enjoys parties** 파티를 즐기다   **this Saturday** 이번 주 토요일

24강. 유형4_(롤플레이) : 스크립트 훈련   **215**

단순 질문 롤플레이 에바가 여행하는 나라 단순 질문

Q49 🎧 MP3 IM1_Q_49

I also enjoy traveling around my country. Ask me three to four questions about **why I like traveling around my country**.

저도 우리 나라 여행하는 것을 좋아합니다. 저에게 왜 제가 우리 나라 여행하는 것을 좋아하는지 3 – 4가지 질문을 하세요.

🎧 MP3 IM1_A_49

서론 인사말/10%

- Hi Eva, I <u>heard</u> you like **traveling around your country**, right?
  - And you live in <u>America</u>, right?

본론 질문/80%

- **First** of all, why do you like <u>traveling</u>?
  - I <u>heard</u> that there is a <u>beautiful</u> beach in your country.
  - And I heard that it is <u>incredibly</u> beautiful and <u>peaceful</u>. Is it <u>right</u>?

- And <u>also</u>, who do you <u>normally</u> travel with?
  - Well, I travel with my <u>friends</u>. How about <u>you</u>?

- <u>Lastly</u>, when do you <u>travel</u>?

결론 마무리문장/10%

- <u>Okay Eva</u>, see you later.

- 안녕 에바, 너희 **나라 여행을 좋아한다고?** 맞지?
  - 그리고 미국 살지?

- 첫 번째로, 넌 왜 여행하는 것을 좋아해?
  - 너희 나라에 아름다운 해변이 있다고 들었어.
  - 그리고 그 해변은 숨 막힐 정도로 아름답고 평화롭다고 들었어. 맞아?

- 또한, 넌 누구와 주로 여행을 가?
  - 음, 난 친구들과 여행을 가. 너는 어때?

- 마지막으로, 넌 언제 여행을 가?

- 오케이 에바야. 나중에 보자.

어휘 및 표현

traveling around your country 너희 나라를 여행하다   live in America 미국에 살다   is it right? 맞아?   how about you? 너는 어때?

단순 질문 롤플레이 에바가 조깅하는 이유 단순 질문

Q50

I also enjoy jogging. Ask me three to four questions about **why I like to jog**.

저도 조깅 하는 것을 좋아합니다. 저에게 제가 왜 조깅을 좋아하는지 3 – 4가지 질문을 하세요.

서론 / 인사말/10%

- **Hi Eva,** I <u>heard</u> you like *jogging*, right?
  - I <u>also</u> enjoy jogging since I can <u>release</u> stress.

본론 / 질문/80%

- **First of all,** <u>why</u> do you like jogging?
  - As <u>I</u> mentioned before, yeah, I enjoy jogging since I can <u>release</u> stress.

- And **also,** who do you <u>normally</u> run with?
  - You know, one of my <u>friends</u> enjoys jogging. And I run with <u>him</u>. How about <u>you</u>?

- **Lastly,** when do you <u>run</u>?

결론 / 마무리문장/10%

- **Okay Eva,** see you later.

- 안녕 에바, **조깅**을 좋아한다고 들었어, 맞지?
  - 나도 스트레스를 풀 수 있어서 조깅을 좋아해.

- 첫 번째로, 조깅을 넌 왜 좋아해?
  - 내가 언급했듯, 그래, 난 스트레스를 풀 수 있기 때문에 조깅을 좋아해.

- 그리고, 누구와 주로 뛰어?
  - 있잖아, 내 친구 중 한 명이 조깅을 좋아해. 그래서 난 그와 함께 뛰어. 너는 어때?

- 마지막으로, 넌 언제 뛰어?

- 오케이 에바야. 나중에 보자.

어휘 및 표현

enjoy jogging(running) 조깅을 좋아하다   I run with him 그와 함께 뛴다   how about you? 너는 어때?

단순 질문 롤플레이 에바가 사는 곳 단순 질문

Q51 ——— 🎧 MP3 IM1_Q_51

Ask me three or four questions to learn everything you can about **where I live**.

저에게 제가 사는 곳에 대해 3 – 4가지 질문을 하세요.

🎧 MP3 IM1_A_51

서론 인사말/10%

- **Hi** Eva, I heard you live in a **3-story house**, right?
  - I also live in a 3-story house.

본론 질문/80%

- **You know,** there are three bedrooms and a kitchen in my house.
  - How about your house? How many rooms are there?

- And also, who do you live with?
  - I live with my parents. How about you?

결론 마무리문장/10%

- **Okay** Eva, see you later.

- 안녕 에바, **3층 집**에 산다고 들었는데, 맞지?
  - 나 또한 3층 집에 살고 있어.

- 있잖아, 우리 집엔 3개의 방과 부엌이 있어.
  - 너희 집은 어때? 방은 몇 개야?

- 또한, 누구와 함께 살아?
  - 난 부모님과 함께 살아. 넌 어떠니?

- 오케이 에바야. 나중에 보자.

어휘 및 표현
3-story house 3층 집   how many rooms are there? 방은 몇 개입니까?   I live with my parents 난 부모님과 함께 살아

25강

유형 04 (롤플레이)

모의고사

11번

12번

15번

롤플레이 모의고사 준비

난이도 3 설정 시, 롤플레이 질문은 총 3문제(11, 12, 15번)가 출제됩니다.

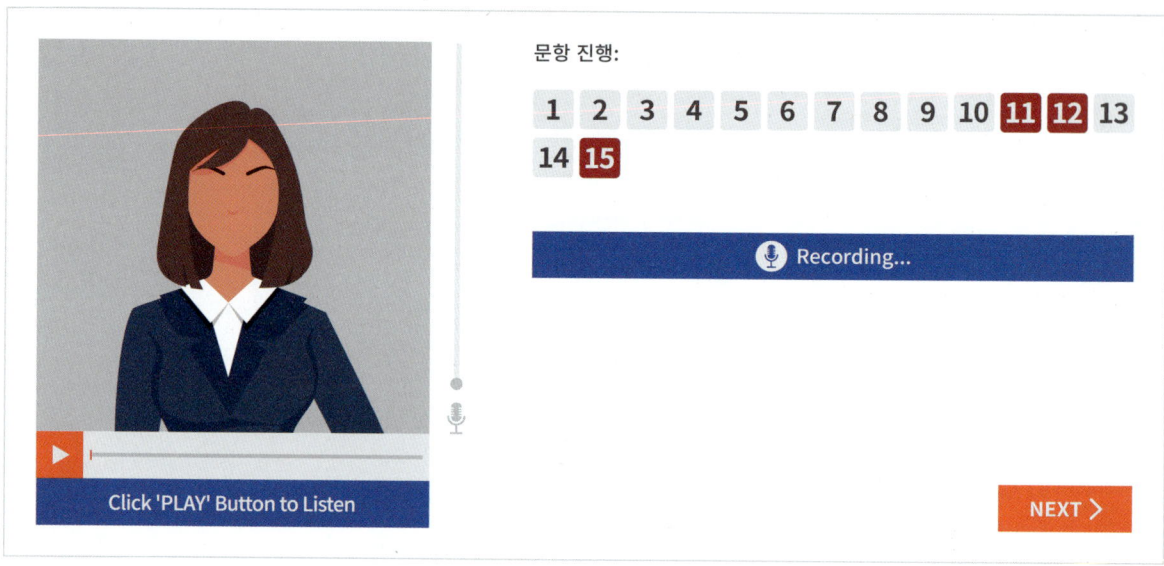

유형	롤플레이
주제	11번: 알 수 없음 & 12,15번: 이미 알고 있음
준비시간	20초
답변Format	인사말/상황설명 – 질문/대안 – 마무리 문장
집중내용	자연스러운 연기

롤플레이 모의고사

실제 시험처럼 각 문제의 MP3를 듣고, 훈련을 해보세요.

11번
롤플레이

Q52

I'm going to give you a situation and ask you to act it out. Your friend wants to **go to the beach** with you. Call your friend and ask three to four questions about going to the beach.

12번
롤플레이

Q53

I'm sorry, but there is a problem you need to resolve. You watched the news and you found out that **it is going to rain today**. Call your friend, explain the situation and give two to three alternatives to **resolve** this problem.

11번
롤플레이

Q54

I'm going to give you a situation and ask you to act it out. You would like to **book a hotel for your trip**. Call a hotel and ask three or four questions about that hotel.

12번
롤플레이

Q55

I'm sorry, but there is a problem that needs to be resolved. You have checked in, but **the room is not cleaned up properly**. Call the front desk, explain the situation and offer two to three options to **resolve** this matter.

15번
롤플레이

Q56

I also enjoy spending time at home during my vacation. Ask me three to four questions about **what I usually do when I spend time** on vacation at home.

15번
롤플레이

Q57

I also enjoy going to the park. Ask me three to four questions about **my favorite park**.

롤플레이 모의고사(11번) 친구와 해변 가기 정보 요청

Q52

I'm going to give you a situation and ask you to act it out. Your friend wants to **go to the beach** with you. Call your friend and ask three to four questions about going to the beach.

상황을 드릴 테니 연기해보세요. 당신은 친구와 해변에 가고 싶습니다. 친구에게 전화하여 해변 가는 것에 대한 3-4가지 질문을 하세요.

서론 인사말/10%
- Hi Jean, *you want to go to the beach with me?* Can I ask you something?

본론 질문/80%
- **First of all,** I love beaches in Korea. So I usually go to BUSAN.
  - Do you want to go to BUSAN?
  - Actually, the beach in BUSAN is incredibly beautiful and peaceful.

- **Also,** at the beach in BUSAN, there is a huge volleyball court.
  - Do you want to play volleyball?

결론 마무리문장/10%
- **Alright then,** thanks a lot. See you later.

- 안녕 진, 나와 함께 해변을 가고 싶다고? 뭐 좀 물어봐도 돼?

- 첫 번째로, 난 한국의 해변들을 좋아해. 그래서 난 부산을 자주 가.
  - 부산에 갈래?
  - 사실, 부산의 해변은 숨 막힐 정도로 아름답고 평화로워.

- 또한, 부산의 해변에는 큰 발리볼 코트가 있어.
  - 가서 발리볼 할래?

- 좋아 그럼, 고마워. 나중에 보자.

어휘 및 표현
you want to go to the beach with me? 나와 함께 해변을 가고 싶다고?   do you want to go to BUSAN? 부산에 갈래?   volleyball court 발리볼 코트

진짜녀석들 OPIc IM1

롤플레이 모의고사(12번) 비가 와 못 가는 문제 해결

Q53

🎧 MP3 IM1_Q_53

I'm sorry, but there is a problem you need to resolve. You watched the news and you found out that **it is going to rain today**. Call your friend, explain the situation and give two to three alternatives to resolve this problem.

안타깝게도 해결해야 할 문제가 생겼습니다. 당신은 오늘 비가 내린다는 뉴스를 시청하였습니다. 친구에게 전화하여 상황을 설명하고 2-3의 대안을 제시하여 문제를 해결하세요.

🎧 MP3 IM1_A_53

서론
상황설명/10%

- **Hi Jean,** you know, *it is going to rain today*.

본론
대안/80%

- So my option is, let's go later. How about tomorrow?

- Or, why don't we go to the swimming pool?
  - You know, there is a swimming pool in my town.
  - Frankly speaking, I enjoy swimming there.

결론
마무리문장/10%

- Alright then, thanks a lot. See you later.

- 안녕 진, 있잖아, 오늘 비가 온다고 하네.

- 그래서 내 대안은, 나중에 가는 게 어떨까? 내일은 어때?

- 아니면, 수영장을 가는 건 어때?
  - 있잖아, 우리 동네에 수영장이 있어.
  - 솔직히 말해서, 난 그곳에서 수영하는 것을 좋아해

- 좋아 그럼, 고마워. 나중에 보자.

어휘 및 표현
it is going to rain today 오늘 비가 온다   go to the swimming pool 수영장에 가다   in my town 우리 동네에

25강. 유형4_(롤플레이) : 모의고사   223

롤플레이 모의고사(11번) 호텔 예약 하기 정보 요청

Q54

I'm going to give you a situation and ask you to act it out. You would like to **book a hotel for your trip**. Call a hotel and ask three or four questions about that hotel.

상황을 드릴 테니 연기해보세요. 당신은 여행을 위해서 호텔을 예약하고 싶습니다. 호텔에 전화하여 호텔 정보에 대해 더 알기 위해 3-4가지 질문을 하세요.

서론 인사말/10%

- Hi there, Is this ABC hotel? Can I ask you something?

본론 질문/80%

- You know, I heard that there is a gym on the second floor.
  - Is it right?
  - Because I enjoy working out in the morning.

- And also, I want to eat and grab a beer in your hotel.
  - Is there a restaurant and a bar in your hotel?

- Lastly, how much is the room?
  - You know, I paid $30 on my last stay.

결론 마무리문장/10%

- Alright then, thanks a lot. See you later.

- 안녕하세요, ABC 호텔인가요? 뭐 좀 여쭤봐도 되나요?

- 있잖아요, 제가 듣기론 호텔 2층에 헬스장이 있다고 했는데요,
  - 맞나요?
  - 왜냐하면 전 아침에 운동하는 것을 좋아하거든요.

- 그리고, 전 당신 호텔에서 식사를 하고 술도 한잔하고 싶은데요.
  - 호텔에 레스토랑과 바가 있나요?

- 마지막으로, 객실료는 어떻게 되나요?
  - 있잖아요, 저번 투숙 시 전 $30을 지불했습니다.

- 알겠습니다 그럼, 감사합니다. 나중에 뵐게요.

어휘 및 표현
you want to go to the beach with me? 나와 함께 해변을 가고 싶다고?   do you want to go to BUSAN? 부산에 갈래?   volleyball court 발리볼 코트

진짜녀석들 OPIc IM1

롤플레이 모의고사(12번) 객실 청소가 안 되어 있는 문제 해결

Q55 🎧 MP3 IM1_Q_55

I'm sorry, but there is a problem that needs to be resolved. You have checked in, but **the room is not cleaned up properly**. Call the front desk, explain the situation and offer two to three options to resolve this matter.

안타깝게도 해결해야 할 문제가 생겼습니다. 체크인을 했는데 객실 청소가 제대로 되어 있지 않습니다. 프론트에 전화하여 상황을 설명하고 2-3개의 대안을 제시하여 문제를 해결하세요.

🎧 MP3 IM1_A_55

서론 상황설명/10%

- **Hi** there, you know, the _room_ is not cleaned up _properly_.

본론 대안/80%

- So my _option_ is, I want to get a _refund_!
  - You know, I paid like $100.
  - So I want my money _back_.

- **Or**, you know, I want to _eat_ out at a restaurant.
  - Can I get a _discount_?
  - _Frankly_ speaking, I'm _so_ upset.
  - So, any _discount_?

결론 마무리문장/10%

- _Alright_ then, _thanks_ a lot. See you later.

- 안녕하세요, 객실 청소가 제대로 되어 있지 않네요.

- 그래서 제 대안은, 전 환불을 받고 싶어요!
  - 있잖아요, 전 $100 정도를 지불했어요.
  - 그래서 전 제 돈을 환불받기를 원해요.

- 아니면, 있잖아요, 전 레스토랑에서 식사를 하고 싶은데요.
  - 할인을 받을 수 있나요?
  - 솔직히 말해서 전 기분이 매우 나쁜 상황입니다.
  - 그래서 할인이 가능할까요?

- 좋아요 그럼, 감사합니다. 나중에 뵐게요.

어휘 및 표현

the room is not cleaned up properly 객실 청소가 제대로 되어 있지 않다 | I want to get a refund 환불을 원합니다 | I want my money back 돈을 돌려주세요 | any discount? 할인 가능할까요?

롤플레이 모의고사(15번) 에바가 휴가 때 집에서 무엇을 하는지 단순질문

Q56 🎧 MP3 IM1_Q_56

I also enjoy spending time at home during my vacation. Ask me three to four questions about **what I usually do when I spend time** on vacation at home.

저도 휴가 때 집에서 시간을 보내는 것을 좋아합니다. 저에게 휴가 때 집에서 무엇을 하며 시간을 보내는지 3-4가지 질문을 하세요.

🎧 MP3 IM1_A_56

서론
인사말/10%

- <u>Hi</u> Eva, I heard you like <u>spending time at home during your vacation</u>, right?

본론
질문/80%

- <u>First of all,</u> what do you <u>normally</u> do?
  - Well, I spend time with my <u>friends</u>.
  - You know, we just <u>sit</u> down and enjoy listening to <u>music</u> since we can <u>release</u> stress.

- And <u>also,</u> I grab a beer with my <u>friends</u>.
  - You know, we drink <u>beers</u> like there's no <u>tomorrow</u>.

결론
마무리문장/10%

- <u>Okay</u> Eva, see you later.

- 안녕 에바, **집에서 주로 휴가를 보낸다고** 들었는데, 맞아?

- 첫 번째로, 주로 무엇을 해?
  - 음, 난 친구들과 함께 시간을 보내.
  - 있잖아, 우린 그냥 앉아서 음악 듣는 것을 즐겨. 왜냐하면 스트레스를 풀 수 있거든.

- 그리고, 난 친구들과 술을 마셔.
  - 있잖아, 우린 내일이 없는 것처럼 술을 마셔.

- 오케이 에바, 나중에 봐.

어휘 및 표현
spending time at home during your vacation 휴가 때 집에서 보내는 시간   what do you normally do? 주로 무엇을 하나요?   I spend time with my friends 친구와 함께 시간을 보내요

진짜녀석들 OPIc IM1

롤플레이 모의고사(15번) 에바가 좋아하는 공원 단순 질문

Q57 🎧 MP3 IM1_Q_57

I also enjoy going to the park. Ask me three to four questions about my **favorite park**.

저도 공원에 가는 것을 좋아합니다. 제가 좋아하는 공원에 대해 3-4가지 질문을 하세요.

🎧 MP3 IM1_A_57

서론
인사말/10%

- **Hi** Eva, I heard you like ***going to the park***, right?

본론
질문/80%

- **First of all,** why do you like going to the park?
  - You know, I like going to the park because the park is surrounded by beautiful flowers.
  - How about you?

- **And also,** who do you normally go to the park with?
  - I usually go there with my friends.
  - However, the park is always packed with lots of people.

- **Lastly,** when do you go to the park?
  - I usually go there on Saturday.
  - How about you?

결론
마무리문장/10%

- **Okay** Eva, see you later.

- 안녕 에바, **공원 가는 것** 좋아한다 했는데, 맞아?

- 첫 번째로, 공원 가는 것을 왜 좋아해?
  - 있잖아, 난 공원 가는 것을 좋아해. 왜냐하면 공원은 아름다운 꽃들로 가득 차 있거든.
  - 너는 어때?

- 그리고, 공원은 주로 누구와 가?
  - 난 주로 내 친구들과 함께 가.
  - 근데 공원은 항상 많은 사람들로 붐벼.

- 마지막으로, 공원은 언제 가?
  - 난 주로 토요일에 가.
  - 너는 어때?

- 오케이 에바, 나중에 봐.

어휘 및 표현
going to the park 공원 가는 것   I usually go there with my friends 나는 주로 친구들과 그 곳을 가   on Saturday 토요일에

26강

시험 전 정리

시험 준비

시험 화면

시험 준비

실제 시험과 같은 순서로 준비하였습니다.

1. 첫 화면

2. Background Survey

1. 어느 분야에 종사하고 계십니까?
   - ■ 일 경험 없음
2. 학생이십니까?
   - ■ 아니오
   - ■ 수강 후 5년 이상 지남
3. 어디에서 살고 계십니까?
   - ■ 개인 주택이나 아파트에 홀로 거주
4. 여가 활동으로 무엇을 하십니까?
   - ■ 콘서트 보기 ■ 공원 가기 ■ 해변 가기
   - ■ 술집/바에 가기 ■ 카페/커피전문점 가기 ■ 쇼핑하기
5. 취미나 관심사는 무엇입니까?
   - ■ 음악 감상하기
6. 주로 어떤 운동을 즐기십니까?
   - ■ 조깅 ■ 걷기
7. 어떤 휴가나 출장을 다녀온 경험이 있습니까?
   - ■ 집에서 보내는 휴가 ■ 국내 여행 ■ 해외 여행

3. Self Assessment

희망 등급	난이도
IL	난이도 1 나는 10단어 이하의 단어로 말할 수 있습니다. 난이도 2 나는 기본적인 물건, 색깔, 요일, 음식, 의류, 숫자 등을 말할 수 있습니다. 나는 항상 완벽한 문장을 구사하지 못하고 간단한 질문도 하기 어렵습니다.
IM1	난이도 3 나는 나 자신, 직장, 친한 사람과 장소, 일상에 대한 기본적인 정보를 간단한 문장으로 전달할 수 있습니다. 간단한 질문을 할 수 있습니다.
IM2	난이도 4 나는 나 자신, 일상, 일/학교와 취미에 대해 간단한 대화를 할 수 있습니다. 나는 이 친숙한 주제와 일상에 대해 쉽게 간단한 문장들을 만들 수 있습니다. 나는 또한 내가 원하는 질문도 할 수 있습니다.
IM3 – AL	난이도 5 나는 친숙한 주제와 가정, 일, 학교, 개인과 사회적 관심사에 대해 자신 있게 대화할 수 있습니다. 나는 일어난 일과 일어나고 있는 일, 일어날 일에 대해 합리적으로 자신 있게 말할 수 있습니다. 필요한 경우 설명도 할 수 있습니다. 일상 생활에서 예기치 못한 상황이 발생하더라도 임기응변으로 대처할 수 있습니다. 난이도 6 나는 개인적, 사회적 또는 전문적 주제에 나의 의견을 제시하여 토론할 수 있습니다. 나는 다양하고 어려운 주제에 대해 정확하고 다양한 어휘를 사용하여 자세히 설명할 수 있습니다.

4. Pre-Test Setup

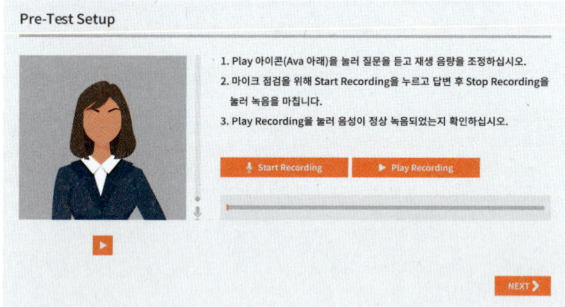

5. 시험 시작!

시험 화면(15개 문제 준비)

실제 시험 화면과 비슷한 이미지로 구성하였습니다.

15개 문제의 'Play' 버튼 클릭 전 유형, 답변 Format 생각 정리

A. 준비시간 – 20초

(매 문제마다 'play' 버튼 클릭 전 20초간 문제의 유형, 답변 Format을 생각하는 시간을 가집니다.)

B. 답변 시간 – 30초 ~ 1분

(답변 시간이 중요하진 않지만 적어도 30초, 최대 1분간 답변 Format을 생각하시며 답변하시기 바랍니다.)

1번 – 자기소개
흔히 스피킹 시험의 첫 번째 문제는 긴장하여 망칠 확률이 높으므로 굳이 자기소개를 위한 스크립트 준비는 필요가 없습니다. 다만 배운 문장들을 토대로 즉흥적으로 답변합니다.

2번 – 묘사
묘사 유형임을 인지하고 'Play' 버튼 클릭 전, 3가지 묘사 종류를 생각합니다. 답변 Format을 생각하거나 시작문장의 연습을 해도 괜찮습니다.

3번 – 세부묘사
2번에서 이미 주제를 알았기에 세부묘사의 준비는 해당 주제와 관련된 묘사 문장을 생각합니다.

4번 – 경험
이 또한 주제를 이미 알고 있기에 'Play' 전 어떤 경험을 사용할지, 답변 Format을 제대로 짠 후 답변합니다.

5번 – 묘사
다시 새로운 주제의 묘사 유형입니다. 마찬가지로 'Play' 버튼 클릭 전 묘사 종류를 생각합니다.

6번 – 세부묘사
5번에서 이미 주제를 알았기에 세부 묘사의 준비는 해당 주제와 관련된 묘사 문장을 생각합니다.

7번 – 경험
이 또한 주제를 이미 알고 있기에 'Play' 전 어떤 경험을 사용할지, 답변 Format을 제대로 짠 후 답변합니다.

8번 – 묘사
다시 새로운 주제의 묘사 유형입니다. 마찬가지로 'Play' 버튼 클릭 전 묘사 종류를 생각합니다.

9번 – 경험
이 또한 주제를 이미 알고 있기에 'Play' 전 어떤 경험을 사용할지, 답변 Format을 제대로 짠 후 답변합니다.

10번 – 경험
같은 주제의 추가 경험이므로 'Play' 전 어떤 경험을 사용할지, 답변 Format을 제대로 짠 후 답변합니다.

11번 – 정보요청 롤플레이
인사말 – 질문 – 마무리문장의 Format을 잘 생각한 후, 'Play' 버튼 클릭 후, 문제의 키워드를 잘 캐치합니다.

12번 – 문제해결 롤플레이
상황설명 – 대안 – 마무리문장의 Format을 잘 생각한 후, 'Play' 버튼 클릭 후, 문제의 키워드를 잘 캐치합니다.

13번 – 문제해결 경험
12번 문제해결 롤플레이와 연관성이 있는 문제해결 경험으로 필히 해결점을 제시해 줍니다. (다만, 문제해결 경험이 아닌 단순 경험으로 출제될 수도 있습니다.)

14번 – 묘사
다시 새로운 주제의 묘사 유형입니다. 마찬가지로 'Play' 버튼 클릭 전 묘사 종류를 생각합니다.

15번 – 단순질문 롤플레이
에바에게 질문하는 롤플레이로 'Play' 버튼 클릭 후, 문제의 키워드를 잘 캐치합니다. 필히 물어본 주제에 대한 질문을 먼저 해줍니다.

APPENDIX

진짜녀석들 OPIc IM1 MP3 질문 리스트
진짜녀석들 OPIc IM1 암기 문장 리스트
진짜녀석들 OPIc IM1 어휘 및 표현 리스트

진짜녀석들 OPIc IM1 MP3 질문 리스트(유형)

묘사 질문 MP3

🎧 MP3 IM1_Q_1~15

개방공간

You indicated in the survey that you go to **the park**. Tell me about the park you like. What does it look like? Where is it located? Please describe it.

You indicated in the survey that you like to go to **the beach**. Describe your favorite beach for me. Where is it? What does it look like? Tell me in detail.

You indicated in the survey that you go on **international trips**. I would like you to describe one of the countries or cities you usually visit. What does the place look like? Tell me in detail.

I would like to know about **the geography of your country**. Describe the geographical features of your country such as mountains, rivers and waters in as much detail as possible.

Let's talk about **a country that is nearby your country**. What is the name of that country? What is special about that country? How are the people there? Please give me all the details.

독립공간

You indicated in the survey that you go to **bars**. Describe one of your favorite bars that you often go to. Please tell me everything about that bar in detail.

You indicated in the survey that you go to **cafes**. What cafes or coffee shops are in your neighborhood? Which café do you like to go to and why? Please tell me in detail.

I would like to ask you about your **favorite shopping mall**. Where is it located and what does it look like? Also, how often do you go shopping? Please tell me about the shopping mall in detail.

I would like to know about **the hotels in your country**. Where are they located? What do they look like? Are there any special things, if you compare to hotels in other countries? Please give me all the details.

I would like to ask you about **the bank** you usually go to. Where is it located? What does it look like? Please give me all the details.

일반적 묘사

You indicated in the survey that you like **listening to music**. What type of music do you enjoy listening to? Who is your favorite singer? Please tell me in detail.

I would like to ask you **how people in your country dress**. What kind of clothes do they wear? Tell me about fashion styles in your country in as much detail as possible.

Please tell me about **a healthy person** you know. Who is he or she? What does he or she do to keep healthy? For example, does he or she eat healthy food? Please tell me about that person in detail.

Let's talk about **the transportation system in your country**. What kind of transportation do people usually use? Why do they use that type of transportation? Please tell me in as much detail as possible.

I would like to know **how recycling is practiced in your country**. What kind of items do people recycle? When do they recycle?

APPENDIX

진짜녀석들 OPIc IM1 MP3 질문 리스트(유형)

세부 묘사 질문 MP3

🎧 MP3 IM1_Q_16~23

하는 일
When do you usually go to the beach and who do you go there with? **What kind of activities** do you do at the beach? Please tell me what you usually do when you go to the beach in as much detail as possible.

루틴
Now, I would like to ask you about the things that you do at home. What are **some daily routines** you engage in? Give me all the details.

전과 후
Tell me about the typical day when you go to a concert. What do you do **before and after** the concert?

변화
Think about the time you firstly moved into your house. How has your house **changed** since then?

비교
Please **compare** the music that you listened when you were young and the music you listen to today. Also, how did you first get interested in music? Please tell me all the details.

준비
What do you normally pack when you **prepare** for trips? For example, do you pack a battery charger? Please tell me everything you pack before your trips.

단계 및 방법
Please tell me all **the steps** when you recycle. Where do you take out the trash? How often do you recycle a month? Please give me all the details.

계기
What made you visit parks in the first place? What was **the main reason** you decided to go there? Were there any interesting events going on? Please give me all the details.

진짜녀석들 OPIc IM1 MP3 질문 리스트(유형)

묘사 모의고사 질문 MP3

🎧 MP3 IM1_Q_24~29

2번
묘사 모의고사

You indicated in the survey that you are living alone. I would like to talk about where you live. Describe your **house** to me. What does it look like? Where is it located? Tell me about the place in detail.

3번
묘사 모의고사

I would like to know things that you do at home. What are **some daily routines** you engage in? What kind of activities do you also do at home? Please give me all the details.

5번
묘사 모의고사

Please tell me **the biggest holiday** in your country. What is the name of that holiday? Where do people usually spend during that holiday? Please tell me about that holiday in as much detail as possible.

6번
묘사 모의고사

Now, I want to know how people in your country celebrate that holiday. What are **some activities** people do during that holiday? Please give me all the details.

8번
묘사 모의고사

You indicated in the survey that you go on **trips domestically**. I would like you to describe one of the cities you like to visit the most. Describe the place in detail.

14번
묘사 모의고사

You indicated in the survey that you **like to jog**. Where do you usually go for a run? What does the place look like? Please describe the place in detail.

진짜녀석들 OPIc IM1 MP3 질문 리스트(유형)

경험 질문 MP3

🎧 MP3 IM1_Q_30~37

최초 경험

Tell me about the first concert you went to. **When** and **where** was the concert held? **Who** did you go with? **How** was the concert? Please tell me all the details.

Do you remember your first trip abroad when you were little? **Where** did you go and **who** did you go with? **What** did you do or see during that trip? Tell me about that experience in as much detail as possible.

최근 경험

I would like to ask you about the recent holiday you spent with your family. **Where** did you go and **what** activities did you do with your family during that holiday? Tell me everything about that holiday.

Now, I want to ask you about a restaurant you ate out recently. What was the **name** of the restaurant and **who** did you go there with? **What** did you eat? **What** happened there? Tell me all the details.

인상 깊었던 경험

Tell me about a memorable incident that happened at the coffee shop. **What** exactly happened and **why** was it so special? Please tell me what happened from the beginning to the end.

Please tell me about a special experience you had at the park. **When** was it and **who** were you with? **Why** was it so special? Please tell me all the stories from the beginning to the end.

문제 해결 경험

That's the end of the situation. Have you ever broken someone's MP3 player? **What** happened? **How** did you **solve** the problem? Please tell me from the beginning to the end.

That's the end of the situation. Have you ever cancelled a reservation due to an unexpected matter? **When** was it and **what** happened? **How** did you **solve** the problem? Tell me all the details.

진짜녀석들 OPIc IM1 MP3 질문 리스트(유형)

경험 모의고사 질문 MP3

🎧 MP3 IM1_Q_38~42

4번
경험 모의고사

When was the last time you went to buy some clothes? **Where** did you go and **who** did you go there with? **What** did you buy? Please tell me about that day in detail.

7번
경험 모의고사

Do you remember the **first time** you used a **technological device**? It might be a cellular phone, laptop computer or other devices. Please tell me about your experience in detail.

9번
경험 모의고사

When was the last time you had some free time? **Where** did you go and **who** did you go there with? **What** did you do? Please tell me all the details.

10번
경험 모의고사

Now, think about what you did in your free time when you were a child. Did you spend time with your parents or friends? **What** did you do? Please tell me how you spent your free time when you were a child.

13번
경험 모의고사

That's the end of the situation. Have you ever made plans for a trip or a party but had to cancel due to an unexpected matter? **What** happened? **How** did you **solve** the problem? Please tell me all the stories in detail.

진짜녀석들 OPIc IM1 MP3 질문 리스트(유형)

롤플레이 질문 MP3

🎧 MP3 IM1_Q_43~51

정보 요청 롤플레이

I'm going to give you a situation and ask you to act it out. You want to **order some concert tickets** on the phone. Call the ticket office and ask some questions in order to buy the tickets.

I'm going to give you a situation and ask you to act it out. You want to **buy a new cell phone**. Call a store and ask three to four questions about a new cell phone you want to buy.

I'm going to give you a situation and ask you to act it out. You are **invited to a party** from a friend. Call your friend and ask some questions about the party.

문제 해결 롤플레이

I'm sorry, but there is a problem you need to resolve. You are **sick on the day of the concert**. Call your friend, explain the situation and offer two to three alternatives to **resolve** the problem.

I'm sorry, but there is a problem you need to resolve. You have received a new cell phone, but the features are not what you expected, so **you want to change for another one**. Call the store, explain the situation and **solve** this problem to get a new one.

I'm sorry, but there is a problem you need to resolve. You are **not able to join the party** because something has happened to you. Call your friend, explain the situation and offer two or three options to **solve** this problem.

단순 질문 롤플레이

I also enjoy traveling around my country. Ask me three to four questions about **why I like traveling around my country**.

I also enjoy jogging. Ask me three to four questions about **why I like to jog**.

Ask me three or four questions to learn everything you can about **where I live**.

진짜녀석들 OPIc IM1 MP3 질문 리스트(유형)

롤플레이 모의고사 질문 MP3

🎧 MP3 IM1_Q_52~57

11번 롤플레이   I'm going to give you a situation and ask you to act it out. Your friend wants to **go to the beach** with you. Call your friend and ask three to four questions about going to the beach.

12번 롤플레이   I'm sorry, but there is a problem you need to resolve. You watched the news and you found out that **it is going to rain today**. Call your friend, explain the situation and give two to three alternatives to **resolve** this problem.

11번 롤플레이   I'm going to give you a situation and ask you to act it out. You would like to **book a hotel for your trip**. Call a hotel and ask three or four questions about that hotel.

12번 롤플레이   I'm sorry, but there is a problem that needs to be resolved. You have checked in, but **the room is not cleaned up properly**. Call the front desk, explain the situation, and offer two to three options to **resolve** this matter.

15번 롤플레이   I also enjoy spending time at home during my vacation. Ask me three to four questions about **what I usually do when I spend time** on vacation at home.

15번 롤플레이   I also enjoy going to the park. Ask me three to four questions about **my favorite park**.

진짜녀석들 OPIc IM1 핵심 암기 문장 리스트

진짜녀석들 OPIc의 유형별 암기 문장을 모아두었으니 적어도 80% 이상은 암기하시기 바랍니다.

🎧 MP3 IM1_1~52

묘사 세부묘사

1. Okay Eva, <u>park</u>? Sure, I'm gonna tell you about <u>the park</u>.
2. Well, <u>weather</u>? You know, I got a lot to tell you Eva.
3. Oh yeah, <u>music</u>? You know, I love <u>hip-hop</u>.
4. Alright Eva, this is all I can say about <u>my country</u>. Thank you.
5. Well, okay Eva, this is pretty much about it.
6. Um, yeah, this is about <u>my favorite park</u>.
7. Actually, <u>it</u> is incredibly <u>beautiful</u> and <u>peaceful</u>.
8. You know, <u>it</u> is surrounded by beautiful <u>flowers</u> and <u>trees</u>.
9. Also, there is <u>a huge running track</u> and <u>a basketball court</u>.
10. You know, <u>on the first floor</u>, there are <u>three bedrooms</u> and <u>a kitchen</u>.
11. Plus, <u>on the second floor</u>, there is <u>a gym</u> and <u>a living room</u>.
12. Lastly, <u>on the top floor</u>, there is <u>a coffee shop</u> and <u>a garden</u>.
13. To be honest, I like all kinds of <u>music</u> and <u>K-pop</u> is getting popular.
14. You know, one of my friends is an <u>outgoing</u> person.
15. Frankly speaking, I enjoy <u>working out</u> since I can <u>release stress</u>.
16. Well, <u>recycling trash</u> is very important <u>in Korea</u>.
17. When I was young, I used to <u>listen to hip-hop</u>, but now I usually <u>listen to K-pop</u>.
18. However, <u>the place</u> is always packed with lots of <u>people</u>.
19. First of all, <u>people work out</u> in order to get in shape.
20. When I go there, I just <u>sit down</u> and <u>relax</u>.
21. Before the concert, I <u>eat out at a restaurant</u> and after the <u>concert</u>, I <u>grab a beer</u> with my friends.

경험

22. Okay Eva, experience about <u>my trip</u>? Sure, I'm gonna tell you about <u>my trip to Hawaii</u>.
23. Great, you mean <u>my park experience</u>? Sure, I got it.
24. Why not? Let me tell you <u>my first concert</u> experience.
25. Um yeah, this is all I remember Eva. Thank you.
26. Okay Eva, this is <u>my park experience</u>.
27. Alright Eva, I guess this is pretty much about it.
28. After <u>20 minutes</u>, it rained so hard and I got soaked.
29. Guess what, I just decided to <u>go home</u>. I mean, I was so <u>upset</u>.
30. You know what, we went crazy. I mean, we <u>danced</u> and <u>sang</u>.
31. And also, we <u>drank beers</u> like there was no tomorrow.
32. But you know what happened? Oh my god! I found out that I lost my <u>wallet</u>.
33. After like 2 hours, I found <u>my wallet</u> <u>in my car</u>. Yeah, I was super lucky.
34. After like 3 hours? I got so <u>drunk</u>! And I passed out.
35. Well, you know, I ended up <u>in the hospital</u>. But it was fun.
36. You know, I don't know why but, suddenly my <u>phone</u> stopped working.
37. So, I went to <u>a service center</u> and <u>fixed</u> it. You know, I paid like <u>$30</u>.

롤플레이

38. Hi there, can I ask you <u>something</u>?
39. First of all, <u>where</u> is it?
40. And also, <u>how much</u> is it?
41. Lastly, what are your <u>opening hours</u> like?
42. Alright then, thanks a lot. See you later.
43. You know, I'm so sorry, but <u>I'm very sick</u> today.
44. So my option is, let's <u>get a refund</u>!
45. Or, why don't you <u>ask your friend</u>?
46. Well or, let's do it <u>later</u>. How about <u>tomorrow</u>?
47. Once again, I'm so sorry. Bye.
48. Hi Eva, I heard you like <u>watching movies</u>, right?
49. First of all, why do you like <u>watching movies</u>?
50. And also, who do you normally <u>watch movies</u> with?
51. Lastly, when do you <u>watch movies</u>?
52. Okay Eva, see you later.

진짜녀석들 OPIc IM1 어휘 및 표현 리스트

묘사 및 세부묘사 답변에 사용된 유용한 어휘 및 표현들을 암기하시기 바랍니다.

20 to 40 floors 20층에서 40층
3 times a month 한 달에 3번
3-story house 3층 집
a big running track 큰 조깅 트랙
a baseball field 야구 필드
a game room 게임 방
a healthy person 건강한 사람
a personal trainer 개인 트레이너
a surfer 서퍼(파도 타는 사람)
activities at the beach 해변에서의 활동들
activities I do at the beach 내가 해변에서 하는 활동들
activities people do in that holiday 사람들이 그 명절에 하는 활동들
after running 뛰고 난 후
after shopping 쇼핑 후에
after the workout 운동 후에
after work 업무 후에
all kinds of coffee 모든 종류의 커피
all kinds of music 모든 종류의 음악
an energetic person 에너지 넘치는 사람
another reason 또 하나의 이유
as I mentioned before 내가 언급했듯
as you can expect 당신이 예상하듯
ATM 현금인출기
nearby my country 우리나라에서 가까운 나라
compare the music 음악을 비교하다
couple 커플
daily routines at home 집안 일과
domestic trip 국내 여행
do the laundry 빨래하다
eat out 외식하다
enjoy drinking 술 마시는 것을 좋아하다
enjoy going there 그곳에 가는 것을 즐기다
enjoy going to the concert 콘서트 보러 가는 것을 즐기다
every morning 매일 아침
fashion style 패션 스타일
fashionable 옷을 잘 입는
first to fourth floors 1층부터 4층까지
frankly speaking 솔직히 말해서
get on a diet 다이어트를 하다
getting very popular 굉장히 유명해지고 있다
got interested in music 음악에 흥미를 갖다
grab a beer 술을 마시다
have some coffee 커피를 마시다
hotels in my country 우리나라 호텔들
house chores 집안 일
however 하지만
I love traveling 여행을 좋아하다
I mean 내 말은
I recycle ~ ~을 재활용한다
I run at the park 난 공원에서 뛴다
important to him 그에게 중요하다
in summer 여름에
incredibly 숨 막히게

international trip 해외여행
jogging 조깅
keeping healthy 건강을 유지하는 것
Koreans are using their bikes 한국 사람들은 자전거를 사용한다
like I told you 내가 얘기했듯
love going to Hawaii 하와이 가는 것을 좋아하다
luxury stores 명품 가게
more than 5 bedrooms 5개가 넘는 침실
moreover 게다가
most of Koreans 대부분의 한국 사람들
moved into ~ ~로 이사 왔다
musician 뮤지션
my neighborhood 우리 동네
on Christmas 크리스마스에
one of my favorite bars 내가 좋아하는 바 중의 하나
one of my favorite singers 내가 좋아하는 가수 중 한 명
one of my friends 내 친구 중 한 명
outgoing 활발한
packed with lots of people 많은 사람들로 가득 차 있다
palm trees 야자수
pine trees 소나무들
prepare for trips 여행을 위해 준비하다
recycling center 재활용 센터
recycling steps 재활용 방법
recycling 재활용
relax 쉬다
rock music 락 음악
romantic spot 로맨틱한 장소
running shoes 러닝화
so good 너무 맛있다
so great 정말 대단해
so on 그 외 나머지
so quite 매우 조용한
some daily routines at home 집안 일과
spa 스파
surrounded by ~ ~에 둘러싸여 있어
Thai food 태국 음식
the bar has 3 floors 바는 3층으로 되어 있어
the biggest holiday 가장 큰 명절
the main reason 가장 큰 이유
the name of the park 공원의 이름
therefore 그래서
the transportation system 교통 시스템
tourist 관광객
trendy 유행에 민감한
using ATMs ATM을 사용하는
volleyball court 발리볼 코트
wash the dishes 설거지하다
wearing a black sweater 검정 스웨터 입는 것
when it's done 끝나면~
work out in the morning 아침에 운동하다
you know what? 그거 알아?
you know 있잖아

진짜녀석들 OPIc IM1 어휘 및 표현 리스트

경험 및 롤플레이 답변에 사용된 유용한 어휘 및 표현들을 암기하시기 바랍니다.

2 weeks ago 2주 전
a 3-story restaurant 3층 레스토랑
a memorable incident at a coffee shop 기억에 남는 커피숍 경험
a new cell phone 새 핸드폰
a special experience at a park 공원에서의 특별한 경험
After shopping 쇼핑 후
an outdoor coffee shop 야외 커피숍
ate out at a restaurant 레스토랑에서 식사를 했다
Beyoncé concert 비욘세 콘서트
Can you imagine? 상상할 수 있나요?
cancelled a reservation 예약을 취소했다
clothing stores 옷 가게들
decided to stay home 집에 있기로 결정했다
enjoy going to concerts 콘서트 가는 것을 즐기다
experience about my first concert 나의 첫 콘서트 경험
experience at a restaurant 레스토랑 경험
first cell phone 첫 핸드폰
first trip abroad when I was little 어렸을 적 나의 첫 해외 여행
go back to the hotel 호텔로 돌아가다
I borrowed an MP3 player MP3플레이어를 빌렸다
I enjoyed eating and drinking 난 먹는 것과 마시는 것을 즐겼다
I enjoyed swimming there 그곳에서의 수영을 즐겼어
I freaked out 기겁했어
I grabbed a beer 술을 마셨어
I had to cancel a trip 여행을 취소해야 했어
I planned to go on a trip 여행 계획을 세웠다
it poured (비가) 퍼부었다
it was fun 재미있었어
it was so much fun 엄청 즐거웠어
my free time when I was a child 어렸을 적 자유시간
my free time 자유시간
near my house 집 근처
on last Christmas 작년 크리스마스에
passport 여권
planned to go on a trip 여행 계획을 세웠다
recent holiday I spent with my family 가족과 보낸 최근 명절
shopping experience 쇼핑 경험
super happy 엄청나게 행복한
technological device 전자 기기
the concert hall 콘서트홀
the concert was amazing 콘서트는 정말 대단했어
the music was so great 음악은 엄청 좋았어
the weather was sunny 날씨가 좋았었어
T-shirt and Jeans 티셔츠와 바지
we watched an action movie 액션 영화를 봤어
when I was 25 25살 때
2 days ago 이틀 전에
3-story house 3층 집
9 to 6 9시부터 6시
ABC cell phone store ABC 핸드폰 가게

ABC concert hall ABC 콘서트홀
Am I right? 내가 맞아?
any discount? 할인 가능할까요?
bring my friend 내 친구를 데려오다
can I get a discount? 할인을 받을 수 있나요?
do you want to go to BUSAN? 부산에 가지 않을래?
enjoy jogging(running) 조깅을 좋아하다
enjoys going to concerts 콘서트 가는 것을 즐기다
enjoys parties 파티를 즐기다
go to the swimming pool 수영장에 가다
going to the park 공원 가는 것
having a party 파티를 열다
how about next week? 다음 주는 어때?
how about this party? 이번 파티는 어때?
how about you? 너는 어때?
how many rooms are there? 방은 몇 개입니까?
I can't join the party 파티에 참여하지 못한다
I heard ~ 제가 듣기로는
I heard that~ 제가 듣기론
I live with my parents 난 부모님과 함께 살아
I run with him 그와 함께 뛴다
I spend time with my friends 친구와 함께 시간을 보내요
I usually go there with my friends 나는 주로 친구들과 그 곳을 가
I want my money back 돈을 돌려주세요
I want to change for another one 새로운 핸드폰으로 교환을 원합니다
I want to get a refund 환불을 원합니다
I want to visit your store 당신 상점을 방문하고 싶습니다
I was listening to music 전 음악을 듣고 있었어요
in my town 우리 동네에
in the morning 아침에
in your hotel 당신 호텔에
at your house 너희 집에서
is it right? 맞아?
is this ABC hotel? ABC호텔인가요?
it is going to rain today 오늘 비가 온다
let's go later 나중에 가자
live in America 미국에 살다
on my last stay 저번 투숙 시
on Saturday 토요일에
one of your friends 너의 친구 중 한 명
powerful speaker 강력한 스피커
spending time at home during your vacation 휴가 때 집에서 보내는 시간
thanks for your help 도움 주셔서 감사합니다
the last party 저번 파티
the room is not cleaned up properly 객실 청소가 제대로 되어 있지 않다
this Saturday 이번 주 토요일
traveling around your country 너희 나라를 여행하다
volleyball court 발리볼 코트
what do you normally do? 주로 무엇을 하나요?
what time does the concert begin? 콘서트는 몇 시에 시작하나요?
why don't you go with him? 그와 가는 건 어때?
you want to go to the beach with me? 나와 함께 해변을 가고 싶다고?

MEMO

MEMO

MEMO

2 진짜 녀석들